Am Tisch mit Don Camillo & Peppone

COLLECTION
ROLF HEYNE

Iris und Jochen Grün

Am Tisch mit Don Camillo & Peppone

Die übliche Geschichte, diesmal aber noch mit über 40 Rezepten

COLLECTION ROLF HEYNE

Inhalt

I personag

i di un'epoca

Vorwort

Wären Don Camillo und Peppone echte Menschen, dann würden sie heute längst in Ehren ergraut sein. Der engagierte Priester würde seine Rosenstöcke pflegen, während aus dem rasenden Peppone der distinguierte Signor Bottazzi geworden wäre. Was höre ich da jemanden sagen? Viel zu alt wären sie heute, um ihr Altenteil genießen zu können? Wohl gar schon ins Paradies eingegangen – aus ach so vielen Gründen? Man erlaube mir da zu widersprechen!

Vieles ist inzwischen passiert, seit jenen Tagen, in denen die Kleine Welt entstand, das gebe ich gern zu. Der Kommunismus ist untergegangen, Italien hat sich verändert und Priestergewänder haben kleine Taschen für Mobiltelefone. Na und?

Der große Guareschi, der trotz allen Erfolges doch im Herzen immer das kleine »Hänschen«, nämlich der Giovannino, geblieben ist, hat es selbst einmal so formuliert: »Und in tausend Jahren werden die Leute mit einer Stundengeschwindigkeit von achttausend Kilometern mit Superatomraketen fliegen – und wozu? Um an das Jahresende zu gelangen und mit offenem Munde vor demselben Jesuskind aus Gips stehen zu bleiben, das Genosse Peppone an einem dieser Abende mit dem kleinen Pinsel bemalt hat.«

Nicht in tausend Jahren, sondern schon heute bewegen wir uns mit Lichtgeschwindigkeit durch das Internet, der »Superatomrakete« unserer Zeit. Und wozu? Um dennoch mit großem Vergnügen die Geschichten von Don Camillo und Peppone aus ihrer Kleinen Welt zu lesen.

Sterben werden beide nie. Und mit ihnen werden die Smilzos, Bruscos, Manascas und all die anderen Liebenswerten, Starrköpfigen und Rauflustigen auch ewig leben, denn ihre Gedanken, ihre Philosophie und natürlich auch ihre kleinen handgreiflichen Auseinandersetzungen sind zeitlos. Andeutungen können wir entnehmen, dass Don Camillo und sein Widersacher um 1900 geboren wurden, obwohl man Guareschi auch durchaus abnehmen würde, dass seine Figuren plötzlich aus dem Boden der Bassa gewachsen sind. Guareschi selbst sagte, es genüge durchaus, in seiner Heimat einen Baum, ein Feld oder ein Gehöft anzusehen, und schon habe man eine Geschichte im Kopf.

Das literarische Licht der Welt erblickten Don Camillo und Peppone an Weihnachten 1946. Ihre Wiege war der »Candido«, eine Wochenzeitschrift, deren Chefredakteur und Autor der Journalist Giovannino Guareschi war. Der »Candido« war kein bequemes Blatt, und nicht wenige hassten es. Noch mehr aber wurde in jenen Zeiten Guareschi selbst gehasst, der kein Blatt vor dem Mund nahm. Don Camillo und Peppone aber wurden von allen geliebt.
Als der Verleger Rizzoli die Geschichten in Buchform veröffentlichte und sie schließlich über einen Schweizer Verlag nach Deutschland kamen, waren Erfolg und Ruhm nicht mehr aufzuhalten. »West-Deutschland« müssen wir sagen, um genau zu sein. Denn hier erreichten die Auflagen der Bücher Rekordhöhen, garantierten die Filme mit Fernandel und Gino Cervi lange Schlangen vor den Kinos. In »Ost-Deutschland«, wie überhaupt im »Ostblock«, wurde der italienische Autor mitsamt seinen beiden schelmischen Helden ignoriert. Regelrecht verboten wurde er allerdings nur in China, wo bis heute die Geschichten aus der Kleinen Welt auf dem Index stehen. In der DDR wurde Don Camillo einfach nicht gedruckt – er teilte hier das Schicksal mit Karl May. Bekannt war er dennoch, auch weil das West-Fernsehen spätestens ab den 1970er Jahren ständig die Verfilmungen sendete.

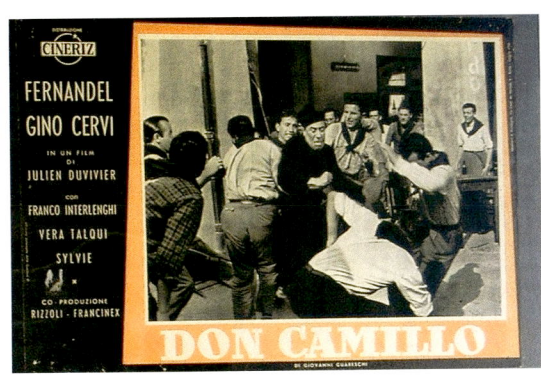

In der Kleinen Welt und sogar in der Kirche geht es manchmal handfest zur Sache ... doch immer siegt die Menschlichkeit.

Seite 6/7: Die Persönlichkeiten einer Epoche – aus dem Jahreskalender des Museums in Brescello.

Wie die Kommunisten heute über die Geschichten denken, ist schwer herauszufinden. Offensichtlich gibt es keine echten Kommunisten mehr, denn Peppones KPI hat sich aufgelöst, und selbst Brescello wird nicht mehr kommunistisch regiert. Der ganze Streit der Ideologien, der damals in aller Bitterkeit ausgetragen wurde und mehr als einmal die Dreharbeiten zu den Filmen stoppte, scheint heute belanglos, hinweggetragen vom großen Fluss. Aber die Kleine Welt ist kein Geschichtsbuch, wurde nicht hinweggetragen vom großen Fluss.

»Mit etwas Wohlwollen«, so hat einmal ein Rezensent über Don Camillo und Peppone geschrieben, »lassen sich die Geschichten als Mentalitätskapriolen betrachten.« Wo manch andere Nation sich in Selbstzerfleischung und lähmenden inneren Streitereien verzettelt, da hat der Italiener immer noch sein »ars vivendi«, die Kunst zu leben. Das bewundern wir zu Recht. Das Essen gehört unverzichtbar dazu. Wer seinen Gegner mit den Worten »Heute ist es zu heiß zum Streiten« zu einem Gläschen Wein einladen, wer seinen Feind mit Pasta bewirten kann und sich dann noch daran freut, wie es ihm schmeckt, der beherrscht wahrlich die Kunst zu leben. Und das ist zeitlos.

Wie wichtig Essen und Trinken sind, bemerkt man in der Kleinen Welt erst, wenn beides einmal fehlt. Einst unternahm Don Camillo einen Hungerstreik, dessen Ernsthaftigkeit er dadurch unterstrich, dass er alle Lebensmittel versiegeln ließ. Peppone war natürlich ehrlich besorgt, denn er verstand das Zeichen. Es dauerte auch nicht lange, da halluzinierte Don Camillo bereits und entdeckte überall Essen, hörte Messer und Gabeln klappern. Camillo wandte sich in seiner Not an den Heiland: »Jesus, hast du denn gar kein Wort des Trostes für mich?« Jesus wusste genau, was er sagte, wenn er Don Camillo antwortete: »Ich habe sogar zwei Wörter des Trostes: ›Guten Appetit‹!« Diesem Wunsch will ich mich anschließen.

Frank Schmelzer

Frank Schmelzer ist Lehrer und anerkannter Experte zum Thema »Don Camillo und Peppone«. Er beschäftigt sich intensiv mit der Erforschung der Hintergründe der Kleinen Welt. Seine Unterstützung und sein Wissen waren eine unschätzbare Hilfe bei der Recherche für dieses Buch.

Die Verfasser

Unser täglich Pasta gib uns heute – der Schauspieler Fernandel in der Kantine der Cinecittà in Rom.

Die Bassa, die »Mondo Piccolo« und das Schlemmen

DIE HEIMAT VON DON CAMILLO UND PEPPONE

Die Bassa, von Giovannino Guareschi liebevoll *Mondo Piccolo* – die Kleine Welt – genannt, ist die Heimat von Don Camillo und Peppone und liegt im Norden Italiens, genauer im Norden der Emilia Romagna, dem Zentrum der italienischen Kochkunst:

»So will ich Euch erzählen, meine Freunde, wie der Pfarrer und der dicke Bürgermeister geboren wurden (…) Ich will mir nicht anmaßen ihr Schöpfer zu sein; ich habe sie nicht geschaffen, ich habe ihnen nur eine Stimme gegeben; geschaffen wurden sie von der Bassa …«

Giovannino Guareschi hat all die vielen Don Camillos und Peppones in den zahllosen Dörfern um Roncole Verdi, Fontanelle und Brescello beobachtet und seine satirischen Geschichten um einen kommunistischen Bürgermeister und einen streitbaren Pfarrer mit Humor und Hintersinn zu Papier gebracht. Veröffentlicht als Anekdoten aus der Kleinen Welt, zu Anfang als wöchentliche Kolumne im politisch engagierten *Candido*, später als Bücher und Filme mit Welterfolg.

In diesem Flachland Italiens, das von dem träge dahinfließenden Po geprägt ist, der es – je nach Laune – vernebelt oder überschwemmt, hat sich, seit Don Camillo und Peppone vor fünfzig Jahren das Licht der literarischen Welt erblickten, kaum etwas verändert. Die Zeit ist seit damals scheinbar angehalten worden, und man merkt, dass die großen Touristenströme an der vermeintlich langweiligen Bassa vorüberziehen. Nicht vie-

len Menschen sind die wahren Werte der Bassa einen längeren Aufenthalt wert. Wenn sie nur wüssten, was sie da verpassen, wenn sie diese Gnadenorte der Gastronomie rechts oder links der *Autostrada* einfach liegen lassen und meinen, mit *a la parmigiana* oder *a la bolognese* seien alle Gaumenfreuden der Emilia Romagna »gegessen«. Weit gefehlt!

Bologna, Piacenza, Parma, Modena und Ferrara – Hochburgen unvergleichbar guten Essens: Man redet gern und viel übers Essen und findet wohl nirgends sonst in Italien so viele ausufernde Märkte mit den besten und

frischesten Erzeugnissen aus der Region. Es dürfte ein wahres Kunststück sein, ein Ristorante oder eine Trattoria zu finden, in der man nicht exzellent speisen kann.

Doch kehren wir den Großstädten den Rücken und machen eine Landpartie in die Niederungen der Poebene, der Heimat Guareschis, und damit auch der Heimat von Don Camillo und Peppone. Werfen wir zuerst einen Blick auf das Lieblingsthema der Bewohner der Bassa, das Essen, und lassen wir uns durch ein Schlemmermahl verführen! Schon die Vorspeisen (**Antipasti**) scheinen

---

direkt aus dem Schlaraffenland zu sein: *Prosciutto di Parma*, von mit Molke gefütterten Schweinen, *Parmigiano Reggiano* – der echte Parmesan – in dem die Milch von den Kühen der Region sorgfältig zu diesem unnachahmlichen »Kokain der Armen« verarbeitet wird. *»Il Culatello di Zibello«*, *»La Gola«* und unzählige Salamivarianten, luftgetrocknet und aus erstklassigen Zutaten, verführen zu hemmungslosem Genuss.

Den **Primi Piatti** – dem nächsten Gang der sinnesfreudigen Verführungen – konnte auch Don Camillo nicht widerstehen: Unzählige Pastavarianten mit Fisch, mit Fleisch, mit Gemüse und Kräutern versuchen sich in unsere Geschmacksnerven einzuschleichen. *Spaghetti, Tagliatelle, Tripollini*, ungezählte Arten von **Pasta Ripiena**, der gefüllten Pasta wie *Ravioli, Tortellini, Anolini, Cappelletti, Tortiglioni* … jeder Koch, jede Familie verfügt über streng geheim gehaltene Rezepte für die Füllung der *Pasta Ripiena*.

Der Ursprung der gefüllten Teigwaren datiert übrigens bis ins Mittelalter zurück. Das Küchenpersonal der reichen und adligen Familien, wie zum Beispiel der Visconti und Pallavicino, die damals in der Bassa ansässig

waren, erfand eine besonders elegante Methode der Resteverwertung. Die Speisereste, die von der herrschaftlichen Tafel zurückkamen, wurden klein gehackt, mit Kräutern gewürzt, gut gemischt und zu *Cappelletti* oder anderen Teigtäschchen verarbeitet.

Natürlich denkt heute niemand mehr an diesen Ursprung der *Pasta Ripiena*. Die Herstellung der gefüllten Teigwaren wird in der gesamten Emilia Romagna geradezu zelebriert. Selbstverständlich, dass die Zubereitung dieser Delikatessen Geduld, Zeit und Geschick braucht. Einen ganzen Tag muss man allein für die Zubereitung der Füllung einplanen, die mindestens 24 Stunden stehen muss, damit alle Zutaten ihren Geschmack entfalten können. Der Teig wird natürlich nicht mit Hilfe einer Maschine hergestellt, sondern von Hand geknetet und mit einem speziellen Nudelholz ausgerollt, das, verglichen mit unseren Modellen, sehr viel dünner und länger ist.

Dann geht's an die Form: Mit viel Geschick wird der Teig – oft mit einem kleinen Likörglas – ausgestochen, kleine Dreiecke werden zum Beispiel für die *Cappelletti* geschnitten, oder Quadrate für die *Ravioli* mit dem Teigrad »ausgezackelt«. Nun werden wohl portionierte Mengen der Füllung in die jeweiligen Teigformen gegeben und mit geschickten Fingern geformt. Die gefüllten Köstlichkeiten benötigen nochmals ein wenig Ruhe, bevor sie im sprudelnden Wasser gekocht werden.

Inzwischen haben junge Köche und experimentierfreudige *mammas* den traditionellen Pastarezepten unzählige raffinierte Varianten hinzugefügt. Einige von ihnen ließen uns in ihre Kochtöpfe schauen und verrieten uns ihre Geheimnisse.

Dass die Nudel alleine nicht glücklich macht, wussten schon Don Camillo und Peppone. Wenige Zutaten, dafür aber Qualität und Frische, bestimmten die damaligen Speisen, mit denen Don Camillo von seiner Haushälterin Desolina und Peppone von seiner Ehefrau Maria verwöhnt wurden. Essen besaß immer schon einen hohen Stellenwert, sodass selbst der kommunistische Bürgermeister seinem größten Widersacher einen der beiden – gemeinsam gewilderten – Hasen in Rotwein einlegte und heimlich in die Sakristei schmuggelte.

Damit kommen wir zur dritten, nicht minder raffinierten Art der Verführung, den **Secondi Piatti**, den Fleischgerichten:
Von einfachen Bratwürsten mit gedünsteten Weintrauben bis zu einem raffinierten Kaninchen in kostbarem *Aceto Balsamico* bietet die Küche in der Bassa eine Vielzahl an lustvollen Gaumenfreuden. Alle Arten von Geflügelgerichten – vom einfachen Suppenhuhn für *Tortellini in brodo* über Entenleberpastete bis hin zu Perlhühnern und Fasanen mit Polenta – finden sich auf den Speisekarten in den Trattorien der Gegend.

In der *Mondo Piccolo* freilich kamen nur selten – an besonderen Tagen – Fleisch oder Geflügel auf den Tisch, wie bei der Geschichte um Don Camillos »Flughühner« (siehe Seite 91).

Das Finale – die **Dolci**:
Die Dolci alleine sind nicht das Finale, eher der Anfang vom Ende. Erdbeeren in *Aceto Balsamico* – eine geradezu sündige Verbindung von süß und sauer – kitzeln mit ihrem unvergleichlichen Aroma Nase und Gaumen. Auch die Kuchen *a la casa* und *della mamma* duften aus den Küchen der Häuser, wie zum Beispiel *Crostata alle amarene* (Rezept Seite 246), der Kuchen mit dem Scherengittermuster. Das Rezept zu einer sehr delikaten *Zabaione freddo* mit Amarettini-Biskuits stammt aus dem Ristorante von Giovannino Guareschi, das 1995 in den »Club dei 23« umgewandelt wurde (Rezept Seite 271). *Le Zuffe di Luigi Benelli* werden auch heute noch im Museum von Brescello angeboten.

Edle Grappe und duftender Espresso setzen den Schlussakkord in unserem Schlemmermahl.

Das Fahrrad – immer noch das beliebteste Fortbewegungsmittel in der Bassa und wichtiges Requisit in allen Filmen.

Seite 18: Doppelter Genuss für die Genossen: Peppone und seine Bande verspeisen die beim Pfarrer gestohlenen Hühner. Der Racheakt für das »retuschierte« Wahlplakat des Bürgermeisters von Seite 33.

il disegnatore, il giornalista,
l'umorista, l'internato,
il polemista, il letterato,
l'uomo della Bassa

Vom kleinen Giovannino zum großen Guareschi

»DER ZEICHNER, DER JOURNALIST,
DER HUMORIST, DER HÄFTLING,
DER POLEMIKER, DER LITERAT,
DER MENSCH DER BASSA«

INSCHRIFT EINER TAFEL IM MUSEUM IN DIOLO

Bassa nennt der Italiener das Tiefland, das der Po zwischen Alpen und Apennin geschnitten hat. Der »Große Fluss«, der so majestätisch und ruhig dahinfließt, manchmal aber auch wild und ungezähmt sein kann, bestimmt das Leben in jenem Abschnitt des italienischen Stiefels. Giovannino Guareschi, der Autor von »Don Camillo und Peppone«, war ein Kind der Bassa und als solcher kein ausgeglichener, friedfertiger Mensch, sondern oft aufbrausend und dickköpfig. Seinen Lebenslauf hat er selbst gerne immer ein wenig humoristisch verschleiert: So schrieb er zum Beispiel, sein Vater habe sich mit allen Arten von Maschinen beschäftigt, von Dreschmaschinen bis hin zu Grammophonen – was zum Teil auch richtig ist. Aber eben nur zum Teil. Die Lebensgeschichte von Giovannino Guareschi ist bittersüß und könnte von ihm selbst erfunden worden sein. Aber es ist eine der vielen echten

Geschichten aus der Kleinen Welt der Bassa, die uns der Große Fluss erzählt. Hören wir ihm zu …

Die Kindheit in Fontanelle

Der geistige Vater von Don Camillo und Peppone wurde am 1. Mai 1908 in dem kleinen Örtchen Fontanelle geboren. Fontanelle war so klein und unbedeutend, dass es selbst nach seiner Zusammenlegung mit dem Nachbarort Roccabianca unbedeutend blieb, obwohl es jetzt den tosenden Namen Fontanelle di Roccabianca trug. Damals wie heute gehört es zum Verwaltungsbezirk Parma, wie der größte Teil der Bassa.

Ebenso tosend könnte man den Namen nennen, den man dem neu geborenen Kind gab: Giovannino Oliviero Giuseppe Guareschi. Ein Name, so wohlklingend wie eine Ouvertüre von Verdi. Doch dieser berühmte Komponist kommt später. Erst einmal trat ein anderer, damals äußerst bekannter Mann in des kleinen Giovanninos Leben. Niemand anders als der berühmte (seine Feinde würden sagen: berüchtigte) Sozialistenführer Giovanni Faraboli hielt mit seinen Genossen gerade eine – wohl recht laute – Versammlung zu Ehren des Tages der Arbeit auf dem Dorfplatz von Fontanelle ab. Als der mit einem mächtigen Schnauzbart bewehrte Faraboli von der Geburt des kleinen Giovannino hörte, soll er in das Zimmer der Wöchnerin gestürmt sein und sogleich mit dem Säugling auf dem Arm auf den Balkon, von wo aus er der Menge den Neugeborenen präsentierte: »*Seht, euch wurde der König der Arbeiter geboren!*« Die Menge, heißt es, sei in donnernden Applaus ausgebrochen. Der später ultrakonservative und königstreue Guareschi als Hauptfigur in einer sozialistischen Version der Weihnachtsgeschichte? Erfindung? Legende? Den Balkon gibt es wirklich, und eine Büste Farabolis steht noch heute auf dem Platz vor dem Geburtshaus von Guareschi. Und Faraboli traf sich später des Öfte-

A
GIOVANNI FARABOLI
CHE PRIMO IN QUESTE PLAGHE
...PIETÀ DEL LAVORO

La Sig.ra L.Maghenzani con la propria scolaresca in occasione della 'foto ricordo' riguardante la 4°classe elementare dell'anno scolastico:1947-48 .

Lina Maghenzani – Grundschullehrerin in Fontanelle und Guareschis Mutter – mit ihrer Klasse im März 1948. Sie war das Vorbild für die Filmfigur Signora Christina.

ren mit Guareschi, der vor dem Kommunisten Faraboli einigen Respekt hatte. Die literarische Version hat den historischen Faraboli überlebt und an Berühmtheit übertroffen: Giuseppe Bottazzi, genannt Peppone.

Doch zurück ins Jahr 1908. Damals begann der Bauernaufstand gegen die Reichen, der politisch-historische Ausgangspunkt für die spätere Idee der Kleinen Welt. Giovannino Guareschi war der Sohn des Primo Augusto Guareschi, eines Fahrradhändlers. Der hatte ein eigenes Geschäft und bastelte wohl genauso begeistert an Fahrrädern und später an Motoren herum, wie es Peppone tat, wenn er gerade einmal keine Politik betrieb.

Giovanninos Mutter hieß Lina Guareschi, geborene Maghenzani. Sie war Landschullehrerin und gab Unterricht in Schulen, die – ohne Licht und Toiletten, dafür aber voll von Ungeziefer – diesen Namen nicht verdienten. Lina unterrichtete rund fünfzig Jahre lang. Aber später erhielt sie nie eine Pension, nur, so schrieb Guareschi später, einen Wecker, den ihr der ortsansässige Priester schenkte. Dann »kam aber auch schon der Tod und trug sie fort«.

Zunächst war die Familie Guareschi durchaus glücklich. Der Papa von Giovannino war Sozialist und Mama war »democristiana«, christdemokratisch, wie oft üblich in den Familien der Bassa in den 50er Jahren. Nino, so nannte man den kleinen Giovannino, entpuppte sich als durchaus aufmerksames, lernbegieriges Kind. Seine Großmutter mütterlicherseits erzählte ihm allerhand Geschichten aus der Gegend, Mythen, Legenden und Volksmärchen. Einiges davon findet sich in den Geschichten von Don Camillo wieder – Gruseliges zum Beispiel, wie den alten Müller, der den Weizen aus der Erde kratzt und ihn in die Gegend bläst, um Nebel zu machen. Albernes, wie die dummen Dörfler, die ihren Kirchturm verschieben wollen, sich mit aller Kraft dagegenstemmen und dabei auf dem Stroh, das sie ausgelegt haben, wegrutschen und so glauben, der Turm habe sich bewegt …

Guareschi, der Schüler und Student

Als Guareschi sechs Jahre alt war, wurde er in Parma in die Grundschule »Jacopo Sanvitale« eingeschult. Der gute Schüler verlebte eine unbeschwerte Zeit, obwohl der Kalender die Jahre 1914 bis 1918 anzeigte. Gott sei Dank gelangte der grauenhafte Weltkrieg nicht bis in die Bassa. Danach bekam Giovanninos Leben einen Knick. Der Vater, eher technisch interessiert, schickte seinen Sohn auf das Institut *Pietro Giordani*, um aus ihm einen Schiffsbauingenieur zu machen. Der kleine Nino war

verzweifelt. Er verstand kein Wort von dem, was seine Lehrer sagten, und musste eine Klasse wiederholen. Eine Klasse wiederholen! Das liest sich heute so leicht – für Giovannino Guareschi muss es die Hölle gewesen sein, und sein Vater hat gewiss so gehandelt wie die Väter in den Geschichten um Don Camillo, die ihre Söhne mit Gewalt zum Professor machen wollten …

Doch eine neue Figur trat in Guareschis Leben: Der Religionslehrer Pietro Giordani, ein Hüne von einem Priester, mit riesigen Händen, entpuppte sich als Trost für den kleinen Jungen. Vermutlich war er es auch, der den wütenden Vater überzeugte, einen Fehler gemacht zu haben. Giovannino durfte auf ein Gymnasium mit altsprachlicher Ausrichtung wechseln, und an seine Zeit als angehender Schiffsbauingenieur erinnerte nur noch ein schlechtes Zeugnis.

Die Begabungen des Knaben, der jetzt zu einem jungen Mann heranreifte, wurden auf dem Gymnasium sehr deutlich. Er formulierte hervorragend und wurde ein brillanter Schüler. Schon 1929 schrieb sich Giovannino Guareschi an der Universität von Parma ein. Einer Karriere als Literat schien nichts mehr im Wege zu stehen. Aber nun brach die »Große Welt« in die Bassa ein, und alles geriet aus den Fugen. 1929 war es in New York zum Börsenkrach gekommen. New York – für die Menschen der Bassa weiter weg als die Sonne, und doch ergriff die aus diesem Börsenkrach resultie-

rende Weltwirtschaftskrise auch die Bassa. Das Fahrradgeschäft der Guareschis ging bankrott. Mit Mühe und Not konnten die Eltern ihren Sohn noch zwei weitere Jahre finanziell unterstützen, aber auf Dauer war für sie die Universität unbezahlbar geworden. Guareschi musste Parma verlassen, ohne einen Studienabschluss erreicht zu haben. Doch zuvor hatte er eine Stadtgeschichte geschrieben, die weit über die Grenzen Parmas bekannt wurde – seine erste erfolgreiche literarische Arbeit.

Die ersten Gehversuche als Journalist

Für den Studenten mit abgebrochenem Studium, der jetzt dringend Geld verdienen musste, gab es nur noch das Feld der Zeitungen. Zwischendurch nahm er jede Art von Aushilfsjob an, unter anderem als Pförtner. Ab 1931 schrieb Guareschi für den *Corriere Emiliano* in Parma, wo er Ennia Pallini, eine Schönheit mit roten Haaren, kennen lernte. Immer öfter besuchte ihn die Dame. Zugleich stieg Guareschi die Karriereleiter empor. Er verließ Parma und ging in die Metropole Mailand, wo er beim *Bertoldo*, einer Wochenzeitschrift des Mailänder Herausgebers Rizzoli, Wurzeln schlug. Dort machte Guareschi von sich reden, indem er mit seinem beißenden satirischen Stil gesellschaftliche Missstände anprangerte und Karikaturen auf alle möglichen Personen des öffentlichen Lebens zeichnete. 1936 wurde er Chefredakteur und heira-

tete im Jahr 1940 Ennia Pallini. Kurz darauf wurde bereits Alberto Guareschi geboren. Tochter Carlotta folgte alsbald nach. Die Familie Guareschi war komplett und glücklich. Doch wieder einmal sollte die »Große Welt« zuschlagen.

Im fernen Rom herrschte inzwischen der *Duce*, Benito Mussolini. Und den Faschisten gefielen kritische Stimmen naturgemäß gar nicht. Bald schon wurden sie auf den *Bertoldo* und seinen Redakteur aufmerksam. In der Friedenszeit hatte man den Spott des Blattes toleriert, aber nun war der Zweite Weltkrieg ausgebrochen. Guareschi hatte eigentlich nichts zu befürchten. Schon von 1934 bis 1936 hatte er seinen Militärdienst abgeleistet, doch bewahrte ihn das nicht davor, erneut eingezogen zu werden. Früher oder später, das hatte sich jeder ausrechnen können, wäre Guareschi vor Gericht gestellt worden, da er nicht davor zurückschreckte, im *Bertoldo* den *Duce* weiter öffentlich zu kritisieren. Als dann noch Guareschis jüngerer Bruder, den er sehr liebte, in Russland vermisst wurde, brüllte er seinen Zorn darüber laut durch die Straßen Parmas. Vor Kummer und Sorge hatte er zu viel Wein getrunken. Eifrige Denunzianten schrieben alles mit und meldeten es der Polizei. Mit Mühe nur konnte eine Haftstrafe abgewendet werden, aber jetzt drohte ihm bei jeder Kleinigkeit das Gefängnis.

Seite 26/27: Der Sitz der »Gruppo Simpatizzante Giovannino Guareschi« in Fontanelle.

Links: Das Lagertagebuch des Autors in Gefangenschaft – ausgestellt im »Club dei 23« in Roncole Verdi.

Der Soldat Guareschi

Als 1943 an Giovannino Guareschi der Befehl erging, sich zu den Waffen zu melden, verweigerte er sich nicht. Zum einen, weil er damit dem Gefängnis entging, zum anderen, weil er es für seine vaterländische Pflicht hielt, für Italien zu kämpfen. Guareschi unterschied sehr wohl und sehr genau zwischen dem Ideal des Vaterlandes und dem faschistisch regierten Staat. Eine durchaus widersprüchliche Haltung, die später auch den Charakter Peppones und Don Camillos prägte.

Kaum war Guareschi an der Front, wurde er schon verhaftet – und zwar von den Deutschen. Die Italiener hatten sich von den Faschisten befreit und Mussolini gestürzt, während die Amerikaner in Italien eine zweite Front eröffnet hatten. Dem zum Trotz kämpften einige Truppenteile beharrlich weiter auf Seiten der Deutschen. Guareschi weigerte sich, denn weiterkämpfen hätte bedeutet, womöglich auf eigene Kameraden schießen zu müssen. So wurde er, wie viele andere Italiener, interniert. Die Umstände seiner Gefangenschaft waren elend. Die Genfer Konvention schützte die italienischen Gefangenen nicht, denn streng genommen waren sie keine Kriegsgefangenen. Aber wen interessieren juristische Feinheiten, wenn man täglich ums Überleben kämpfen muss? Guareschi kam zunächst in ein Lager nach Polen, dann, als die Front immer näher rückte, wurde er in ein Lager nach Bremen verlegt.

Zwar ersparte ihm die Hölle des Lagers zumindest die Hölle der Front, doch ging es Guareschi immer schlechter, er litt seelische und körperliche Qualen, ertrug Ungeziefer, Hunger, Kälte und Depressionen. Nach und nach magerte er auf 45 Kilogramm ab. Ein berühmtes Bild zeigt ihn, am Boden hockend, mit wilden Haaren und schwarz umrandeten Augen. Ganz der Satiriker, der er noch immer war, wählte er sich das Motto: »*Ich werde nicht sterben – auch wenn sie mich umbringen!*«

Und sein Lagertagebuch »*Diario Clandestino*« (dt. »Heimliches Tagebuch«) bestätigte dies später. Guareschi überlebte Krieg und Lager mit knapper Not und nicht ohne bleibende Schäden.

Nach Kriegsende musste Guareschi noch fünf Monate unter alliierter Aufsicht im Lager bleiben, bevor er schließlich in sein geliebtes Italien zurückkehren konnte. Endlich war er wieder in der Kleinen Welt, die er so liebte. Und, so fand Guareschi, die Zeit des Krieges sollte sich gelohnt haben. Ihm und vielen anderen hatte man im Namen des Vaterlandes unendlich viel abverlangt. Nun war es an der Zeit für ein neues, integeres, moralisches und christliches Italien. Dafür war Guareschi erneut bereit zu kämpfen.

Guareschi und der Candido

Noch im Jahr 1945 gründete Guareschi die satirische und monarchistische Zeitung *Candido*, einen Nachfolger des *Bertoldo*.
Der *Candido* wandte sich an eine neue Art Italiener, einen Italiener mit klaren Moralvorstellungen, der in christlicher Verantwortung innerhalb von Familie und Vaterland handelte und lebte. Bis zu seinem Tod hat Guareschi an dieser Idee festgehalten.
Im November 1945 erschien die erste Ausgabe. Wie schon beim *Bertoldo* übernahm auch jetzt wieder der Verleger Rizzoli die Finanzierung. Die zum Teil schon im Lager entstandenen

Weihnachtsgeschichten erschienen im darauf folgenden Jahr. Der *Candido* fand schnell mehr und mehr Beachtung. Bald gingen einige der hervorragendsten Journalisten Italiens in der Redaktion ein und aus, zugleich stieg der Einfluss des Blattes.

Doch mit dem Ende des Krieges war in Italien auch eine neue politische Kraft entstanden, in der Guareschi bald den Hauptfeind seiner eigenen Ideen sah: der Kommunismus. Erinnern wir uns an Faraboli, den historischen Sozialisten. Ihn hatte Guareschi geachtet, weil dieser im Grunde Gerechtigkeit für die Arbeiter, Brot und Wohlstand für die Armen gefordert hatte. Die Verbitterung der alten Sozialisten gegen die Kirche rührte noch von ganz anderen Dingen her, und so war Guareschi durchaus in der Lage, Faraboli und seine Männer zu achten. Nicht zuletzt auch, weil sie in ihrem Herzen Italiener waren und immer blieben.

Italien und der Kommunismus – Guareschi und die Monarchie

Doch wie waren diese Kommunisten? Auch sie wollten Brot und Wohlstand für die Armen, aber unter welchen Voraussetzungen? Sie wollten die Revolution! Und nicht aus Rom, sondern von Moskau aus erhielten sie ihre Befehle. Dazu kam die ihnen eigene Verachtung des Vaterlandes, die Auflösung der

Familie und die Verleugnung Gottes. Für diese Leute konnte ein Giovannino Guareschi keine Sympathie empfinden. Und so dauerte es nicht lange und der *Candido* hatte sich auf die Kommunisten eingeschossen. Guareschi zeichnete sie in berühmt gewordenen Karikaturen als bucklige Neandertaler mit drei Nasenlöchern – durch das dritte Loch entwich ihnen der Verstand. Auch prägte Guareschi den Slogan »*In der Wahlkabine sieht dich Gott – Stalin nicht!*«.

Die antikommunistische Stimmungsmache des *Candido* ärgerte den mächtigen Chef der Kommunistischen Partei Italiens, Togliatti. 1950 bezeichnete er in einer öffentlichen Rede Guareschi als »*gefährlicher als zehn US-Divisionen*« und nannte ihn, der die dreifachen Nasenlöcher zeichnete, einen »*dreifachen Idioten*«. Guareschi soll dies mit einem typischen »Stalinlächeln« zur Kenntnis genommen haben, denn Togliatti hatte ihn damit endgültig als Journalist und Gegner ernst genommen und anerkannt.

Während Guareschi bei der Bekämpfung der Kommunisten Erfolge erzielen konnte, musste er auf anderen Gebieten Rückschläge hinnehmen. Nach einem Volksbegehren wurde 1946 die Monarchie abgeschafft und die Demokratie in Italien eingeführt. Obwohl Guareschi und sein Blatt den ersten Ministerpräsidenten Italiens, Alcide de Gasperi, im Wahlkampf unterstützten, blieb Guareschi ein Monarchist und hielt die Demokratie für eine Regierung der Schwachen. Immer wieder mahnte er im *Candido* den Präsidenten de Gasperi, für ganz Italien und nicht nur für eine Partei da zu sein.

Die Geburtsstunde der Kleinen Welt

Noch während Guareschi sich als Journalist und Agitator turbulente ideologische Kämpfe leistete, erschien am 23. Dezember 1946 eine kleine humoristische Geschichte im *Candido*. In dieser beichtet der kommunistische Bürgermeister dem Priester des Ortes, ihn heimlich verprügelt zu haben. Der Priester hadert mit niemand anders als Jesus, ob ihn das Beichtgeheimnis daran hindere, den Bürgermeister mit einem Eichenknüppel zu schlagen. Schließlich einigt man sich auf einen saftigen Fußtritt. Dies war die Geburtsstunde der »Kleinen Welt des Don Camillo« und, wenn man Guareschis eigener Darstellung Glauben schenken darf, ein bloßer Zufall. Eigentlich hätte die Geschichte im *Oggi* erscheinen sollen, einem kleinen und unbedeutenden Blättchen, das Guareschi ebenfalls betreute. Nur durch den Termindruck sei sie in den größeren *Candido* geraten – und damit in die Aufmerksamkeit der Welt.

Guareschi, der politische Journalist und Buchautor

Der *Candido* blieb natürlich ein politisches Blatt und Guareschi ein politischer Journalist, der Tritte in alle Richtungen verteilte. Meist traf es die Kommunisten, aber auch die Christ-demokraten waren vor der spitzen Feder Guareschis nicht sicher. Oft genug aber schoss er sich auch andere Gruppen ein, so etwa die deutsche Minderheit in Tirol oder Berühmtheiten des öffentlichen Lebens, deren Taten oder Worte Guareschi nicht gefielen. So waren die Meinungen über das Blatt natürlich eher geteilt.

Doch alle – übrigens auch die Kommunisten – mochten Guareschis Geschichten aus der Kleinen Welt. Diese begeisterten die Leserschaft so sehr, dass Don Camillo und Peppone bald zu einem festen Bestandteil der Zeitung wurden. Schließlich machte der Verleger Rizzoli den Vorschlag, die wöchentlich erscheinenden Erzählungen in einem Sammelband herauszubringen. Im Jahre 1948 erschien dann *Mondo Piccolo* »Don Camillo« und wurde zu einem Welterfolg.

Guareschi nahm den beinahe sofort einsetzenden Rummel um sich und seine Figuren recht gelassen: *»Ich war, bin und bleibe Journalist. Ich hatte eigentlich nie die Absicht, ein Buch zu schreiben. Und dass nun mein Verlagshaus aus meinen Artikeln Bücher macht, ist doch schließlich nicht meine Schuld.«* (aus: Der Spiegel, Ausgabe 1/1953)

Schon 1950 wurde einem Mitarbeiter des Salzburger Verlages Otto Müller ein Exemplar der *Mondo Piccolo* geschenkt. Der Verlag druckte schon wenig später die deutsche Übersetzung und machte die Geschichten im ganzen deutschsprachigen Raum berühmt. Noch heute sind sie lieferbar – seit mehr als 50 Jahren.

Links: Der Ritter der »spitzen Feder« kämpft für die Freiheit Italiens.

Rechts: Der Kommunismus – eine Sache des Teufels? Don Camillos Beitrag zu Peppones Wahlkampf.

Ein kleines Stück Erde am rechten Ufer des großen Flusses Po

DAS LANDGUT ANTICA CORTE PALLAVICINA
IN DEM KLEINEN ORT POLESINE PARMENSE

Der Gutshof Antica Corte Pallavicina liegt zwischen den Städten Parma, Piacenza und Cremona und ist ein altes Kastell, das um 1400 von den Marchesi Pallavicina erbaut und um 1700 in ein Landgut umgewandelt wurde.
Um 1905 wurde der Hof vom Großvater der heutigen Eigentümer, Massimo und Luigi Spigaroli, gepachtet und mit Liebe und Sorgfalt bewirtschaftet. Die Tradition der Urgroßväter und Großväter, alle Dinge möglichst perfekt oder gar nicht zu tun, pflegen ihre Enkel noch heute. Allein die später erwähnte Suche nach der besten Schweinerasse für den berühmten Schinken und die raffinierten Wurstwaren war

eine Angelegenheit, die mit wissenschaftlichem Eifer und Begeisterung betrieben wurde. Guareschis Lieblingsrezepte waren es auch, die Massimo Spigaroli für uns ausgesucht und gekocht hat. Vorher führt er uns voller Stolz durch sein Reich, wo die Zutaten für seine Kochkünste erzeugt werden. Er öffnet das verrostete Schloss einer alten Tür an der Längsseite des Hofes, durch die wir in einen dunklen Hausflur eintreten, und folgen einer Treppe in den Keller. Nicht irgendeinen Keller – *den* Keller schlechthin, den einzigen Keller auf der ganzen Welt, in dem der König der Schinken – der *Culatello* – in dieser Menge aufbewahrt wird.

Culatello – der König der Schinken in der Schatzkammer.
Im Keller des Landgutes der Brüder Spigaroli verbirgt sich
der größte Culatello-Keller der Welt.

Der König
unter den Schinken

Der *Culatello di Zibello* ist der ganze Stolz und
Reichtum dieses Landstrichs entlang des rechten Ufers des Po, der die Gegend prägt wie
nichts anderes. Als Zeugnis der hohen Kunst
der Metzger dieser Gegend wird der Culatello
aus dem besten Schinkenstück hergestellt –
dem oberen hinteren Teil des Schlegels, gewürzt mit einer Mischung aus reinem Meer-
salz, Pfefferkörnern, gemahlenem Pfeffer,

etwas Knoblauch und Weißwein. Umhüllt von
einer Schweineblase und gekonnt straff ver-
schnürt – in Italien sagt man dazu »immaglia-
tura« – beginnt seine Reifezeit unter dem
Dachboden in der kalten, von Nebeln durch-
zogenen Winterluft der Bassa. Nach einigen
Wochen folgt dann die Reifezeit an der wär-
meren Luft des milden Frühlings bis zur
drückenden Sommerhitze in den Kellergewölben. Guareschi schrieb, die sonnenheißen
schwülen Sommer brächten »das Hirn der
Leute zum Kochen«. Dieses typische Klima ist
das Grundelement für die Ausreifung des
Culatello. Die feuchten Keller der mittelalter-
lichen Häuser mit ihren dicken, salpeter-
schwitzenden Mauern lassen erst in diesem

Klima den unvergleichlichen Geschmack und intensiven Duft des Culatello entstehen.

Der Culatello-Keller

Wir steigen die Treppe hinab und müssen uns bücken, weil Hunderte von Schinken, jeder bis zu fünf Kilogramm schwer, an der Decke aufgehängt sind. Ein leicht muffiger Geruch begleitet unseren Gang durch die gespenstischen Gewölbe; die mäßige Luftzufuhr und die Feuchtigkeit der Luft sind ausschlaggebend für die Qualität. Signore Spigaroli inszeniert den Keller mit einer erstaunlich ausgeklügelten Lichtsetzung zu einer Art monumentalem Gesamtkunstwerk. Er begleitet uns durch die einzelnen Gewölbe, in denen die Schinken je

nach Alter gelagert werden. Im hinteren Teil entdecken wir zwischen den Culatelli auch einige Laibe Parmesan, die bestimmt im Laufe ihrer Reifezeit eine ganz besondere Note vom Culatello annehmen werden.

Diese Käse werden eigens für das Restaurant bei ausgesuchten kleinen Käsereien eingekauft. Jeder Schinken lagert hier zwischen 14 und 22 Monaten, bis er zurück ans Licht der Sonne geholt wird und reif zum Verzehr ist. Jährlich werden gerade einmal 6.000 Stück dieser Kostbarkeit hergestellt, was auch erklärt, dass der Culatello hierzulande eher unbekannt ist im Gegensatz zu dem weltberühmten Parmaschinken, der allerdings zum größeren Teil industriell hergestellt wird.

Der Culatello di Zibello mit dem Gütesiegel »DOP« – frisch aufgeschnitten eine duftende Delikatesse.

Soragna, San Secondo und Fontanellato dazu. Begrenzt von der *Autostrada Nr. 1*, die die gesamte Emilia Romagna teilt und die Autoströme von Mailand bis an die Adria führt, endet die *Zona* an der Grenze zur Provinz Parma. »DOP«, das Gütesiegel des Culatello, bescheinigt seine geschützte Herkunft und heißt »*Denominazione di Origine Protetta*«. Es ist vergleichbar dem DOC-Prädikat bei den Weinen.

Auch zu Zeiten von Don Camillo durfte Schinken in keiner Speisekammer fehlen. Im Film »Genosse Don Camillo« kommt es zu einer wundervollen Szene, deren Hergang wir uns auf der Zunge zergehen lassen wollen.

Die Strada del Culatello

Um den Culatello aus seinem »Dornröschenschlaf« zu holen und die gesamte Gegend touristisch attraktiver zu machen, haben sich das Konsortium und die Brüder Spigaroli zusammen mit dem findigen Cesare Bertozzi – von dem wir später noch einiges erfahren werden – die so genannte »*Strada del Culatello di Zibello*« ausgedacht. Diese Straße führt die Besucher durch die *Zona del Culatello*: Sie beginnt im Westen an der Grenze zur Provinz Piacenza mit unserem kleinen Dorf Polesine Parmense und erstreckt sich entlang des Südufers des Po über die Orte Zibello, Roccabianca über Sissa bis nach Colorno. In südöstlicher Richtung gehören die Orte Bussetto,

Don Camillo und der Culatello

Der Bürgermeister Peppone plant, mit einer Delegation seiner Parteigenossen zu einer Kolchose nach Russland zu fahren, als offizielle Vertreter von Brescello. Don Camillo möchte verhindern, dass sein Heimatstädtchen die Patenschaft für die Sowjetkolchose über-

Befreundete Feinde oder verfeindete Freunde …
Fernandel und Gino Cervi machten mit ihrem
gestenreichen Spiel aus den Romanfiguren
Klassiker der Filmgeschichte.

nimmt, und packt Peppone bei seiner Achilles-
ferse: Wutentbrannt ins Rathaus stapfend,
mischt sich der Geistliche in die Tagespolitik,
hetzt die Opposition – in Form eines einzigen
Mandatsträgers, des Anwaltes Spiletti – auf
und beschwört die Demokratie. So in seiner
Ehre getroffen, ordnet der Bürgermeister eine
demokratische Volksbefragung aller Bewohner
an. Als Sieger in dieser Schlacht sinnt der
Dorfpfarrer nach einem Ausweg, um die kommunistische Verbrüderung zu verhindern.
Nach einer Blamage durch ein Schwindler-
ehepaar, das im Tausch gegen eine Mahlzeit
Gräuelmärchen über die UdSSR als »wahre
Erlebnisse« ausgibt, bleibt Don Camillo zur

Verhinderung des vermeintlichen Übels nur
eins: der Hungerstreik. Sein Kühlschrank wird
von den Genossen versiegelt, und auch die
Speisekammer – mit einigen luftgetrockneten
Salume wie auch einem großen Schinken –
wird verschlossen und der Schlüssel annek-
tiert. Halt, Schnitt, noch einen Moment: Don
Camillo gebietet Einhalt und nimmt noch
eine letzte Nase vom Schinkenduft, dann dürfen Peppone und seine Handlanger ihr Werk

vollenden. Der Priester zieht sich mit wehmütigen Gedanken an die vielen guten »fleischlichen« Genüsse in den Sessel seines Wohnzimmers zurück und wird dort im Halbdunkel fasten. Nach einigen Tagen beginnen ihn Halluzinationen zu plagen. Selbst der Fenstergriff verwandelt sich in eine fette, gerollte Nudel mit Fleischfüllung.

»Herr, erinnere Dich … Ravioli in den Bergen mit Parmesan … und das Huhn, in Lehm gebacken … und die zwei Würstchen frisch vom Rost, vorher mit Lorbeer abgerieben …« So läuft wohl selbst Jesus das Wasser im Munde zusammen, und er billigt ihm eine Streikpause zu. Innerhalb von 45 Minuten putzt Don Camillo seine gesamten Vorräte für eine Woche weg und fällt völlig erschöpft in einen tiefen Schlaf. Unterdessen freut sich der Widersacher – in Unkenntnis der heimlichen Völlerei – nicht an der Blamage; ganz im Gegenteil bangt er, natürlich in gebührendem Abstand und ohne gesehen zu werden, um die Gesundheit von Don Camillo. Schließlich siegt die Menschlichkeit, und des Nachts schleicht sich Peppone mit seiner Bande zum Pfarrer zwecks Zwangsernährung. Gefesselt und geknebelt kann dieser sich nicht wehren, und es werden Äpfel, Brotlaibe, Tagliatelle und *Salsicce* in ihn hineingestopft und mit eingetrichtertem Wein hinuntergespült, »so dass es nur seinem Saumagen zu verdanken ist, dass er die ganze Prozedur schadlos überstehen kann«.

———

Obwohl nicht reif zum Verzehr, sind auch wir froh, wieder in das Licht der Sonne zu kommen, und setzen die Besichtigung des Hofes fort. Frei laufende Gänse, Hühner und Enten beäugen uns neugierig. Sehr viel Besuch gibt es auf diesem Hof wohl nicht. Alles Federvieh, wie auch die Rinder, Schweine und Pferde, die hier gezüchtet werden, finden sich in der Küche des Ristorante der beiden Brüder wieder, wo sie als raffinierte Kompositionen die Speisekarte bereichern:

Tortellotti mit Äpfeln und Birnen

Wachteln, entbeint und gefüllt

Kalbsbäckchen mit Zitronen

Spanferkel mit Wacholder und Rosmarin

Hausente, gebraten in Aceto Balsamico

Lasagnette mit Entenragout

lauwarmes Kirchererbsenpüree mit Entenstückchen

Tagliatelle mit Gänseragout und Herbstgemüse

Timballo di riso mit Gans und Salsiccia

hauchdünn geschnittener Ochsenschlegel mit Rosmarin

Wir gehen um den Hof herum, und Massimo führt uns »su l'acqua«, zum Wasser. Gemeint ist ein Nebenarm des Po, der einen Steinwurf vom Hof entfernt einen kleinen See mit Wasser versorgt, in dem das ganze Federvieh glücklich herumplantscht. Hähne krähen uns freudig entgegen – es könnten auch *Cappone* sein, bei uns bekannt als Kapaun, die kastrierten Hähne, die in der Bassa gerne bei Festen und an Feiertagen gegessen werden.

Kaum jemand weiß, dass hier weltweit die größte Zahl von unterschiedlichen Wurstwaren aus demselben Schwein hergestellt wird. Die *Masalini*, die erfahrenen Hausschlachter, kreieren aus den unterschiedlichen Fleischstücken in jahrhundertealter Tradition feinste Geschmacksvariationen. Wir schließen uns Massimo Spigaroli an und wollen unbedingt seine selbst gezüchteten »Culatello-Schweine« ansehen. Diese Schweine gehören einer alten Rasse an, bei der die Fettschicht sehr dick und von rosafarbenem, magerem Fleisch durchsetzt ist. Somit gewinnen die Brüder eine Art Speck, wie es ihn früher gab. Er wird von ihnen *Lardo Pallavicina* genannt. Diese Rasse wird nicht in Ställen, sondern auf dem Feld gehalten. In seiner Kindheit gehörten die Schweine sozusagen zur Familie, und man gab ihnen sogar Namen. Im Laufe der Zeit aber verschwanden die fetten alten Schweinerassen nach und nach, und es wurden nur noch weiße und magere Rassen gezüchtet. Damit wollte sich der aufstrebende Züchter Massimo aber nicht zufrieden geben, und er machte sich in vielen Provinzen Italiens und sogar in Spanien auf die Suche nach der richtigen Schweinerasse für den Culatello. In der Romagna fand er schließlich die *Alros* – gerade einmal zwanzig Exemplare lebten dort

noch. Massimo kaufte den ganzen Bestand auf und begründete mit ihm seine Zucht.

Unsere Suche nach den edlen Tieren gestaltete sich in der sengenden Mittagshitze schweißtreibend und schwierig. Die schlauen Viecher hatten sich unter kühle, schattige Büsche zurückgezogen und schliefen den Schlaf der Gerechten. So ganz sicher waren wir uns nicht, ob eines dieser Respekt einflößenden Riesentiere vielleicht doch aufwachen und sich mit seinen 180 bis 230 Kilogramm Lebendgewicht in Bewegung setzen würde. Mit einem Auge schielten wir in Richtung des elektrischen Weidezauns, über den wir uns im Notfall würden retten können. Es blieb aber alles friedlich, und wir zogen anschließend wieder in Richtung Polesine.

Die Spigarolis und die Kleine Welt

Auf unserem Rückweg in Richtung Restaurant liegt der winzige Ort Polesine Parmense, der, wie Massimo Spigaroli zu berichten weiß, die ursprüngliche Idee für einen ganz wichtigen Schauplatz der Bücher war. Das Haus des Bürgermeisters liegt tatsächlich direkt gegenüber der Kirche, sodass der Volksvertreter von seinem Balkon über den Dorfplatz auf die andere Seite der Straße zum Kirchplatz hinüberschauen konnte. Das Misstrauen der zwei gegnerischen weltanschaulichen Lager war so ausgeprägt, dass es in dem kleinen Dorf mit ein paar hundert Einwohnern zwei verschie-

dene Kindergärten gab, zwei verschiedene Kinos und zwei Fußballplätze, und es war niemals erlaubt, die jeweilige Grenze zu überschreiten. Auch in der Geschichte der Familie Spigaroli gibt es Anekdoten, die wir als Motive bei Giovannino Guareschi wieder finden: »Der Urgroßvater war Pachtbauer auf dem Gut Piantador des Maestro Giuseppe Verdi. Unser Vater erzählte uns von seinem Großvater und dass der Maestro – wie Verdi hier bei uns genannt wurde – ein großer Gourmet war. Wenn zu Weihnachten vertragsgemäß ein Teil der Hühner und Wurstwaren an ihn gingen, ach-

Die berühmten Culatello-Schweine bei der Siesta in der Mittagshitze – einen Stall haben diese Schwergewichte noch nie von innen gesehen. Die ausgewachsenen Exemplare können bis über 200 Kilo wiegen.

tete er auf höchste Qualität. Eines Tages tötete der Urgroßvater Carlo Spigaroli beim Grasmähen mit der Sense einen Wildhasen. Als ehrlicher Pächter brachte er ihn dem Maestro. Dieser war derart erbost und wetterte, dass niemand sich erlauben dürfe, Tiere auf seinem Boden zu töten, und deswegen solle er zum Martinstag den Pachthof verlassen. Ungläu-

big, aber sicher, dass der Maestro sein Wort hielt, begann er sich einen anderen Pachthof zu suchen. Ein schweres Unterfangen nach der Vertreibung durch den Maestro. Schließlich fand er einen Pachthof in Polesine, nur zwei Kilometer von dem bisherigen entfernt. Zwar erhielt er anfangs nur einen Vertrag für ein Jahr, blieb dann aber über dreißig Jahre. ... Scherzend sagte damals der Großvater zu seinen Söhnen, es wäre wohl besser gewesen, den Hasen zu essen.«

Guareschi ließ dann in seiner Version dieser Geschichten die gesamte Familie Gnappi den Pachthof von Dottore Berotti in Fossa verlassen, weil sich dort folgende Geschichte zugetragen hatte:

Das Katzenrohr

Auf dem Gut der Berottis waren die Gnappis seit Urzeiten Pächter. Und es wäre auch so geblieben, wäre nicht die Sache mit dem Katzenrohr passiert. Da lief einmal eine Katze durch ein enges Kanalrohr und hinterher der eifrigste (und dümmste) Jagdhund des Dottore Berotti. Die Katze entwischte, der Hund aber verklemmte sich im Rohr. Bevor jemand von den Berottis reagieren konnte, hatte ein Un-

glücklicher weiter oben eine Schleuse geöffnet und damit das Rohr geflutet. Der Hund ertrank. Berotti machte den Gnappi daraus keinen Vorwurf. Aber er verlangte von ihnen als Pächter, den Hund aus dem Rohr zu entfernen. Der alte Gnappi aber beharrte darauf, dass wohl das Rohr, aber nicht der Hund zur Pacht gehöre. Eine Kinderei, aber in der Bassa ist Ehre eben Ehre. Berotti konnte unmöglich eine einmal gegebene Anweisung an seinen Pächter zurücknehmen und ihm damit vielleicht sogar noch zustimmen. So wurde der Hundekadaver nicht entfernt und die Pacht überschwemmt. Das führte zu neuem Streit und nach einigen harten Worten verließen die Gnappis mit Kind und Kegel das Gut der Berottis.

Harte Schädel und Starrsinn beherrschen in der Bassa die Menschen. Insbesondere, wenn es sich um Sippenführer handelt, die die Ehre ihrer Familie gefährdet sehen. Dann gilt auch schon mal die soziale Sicherheit nichts.

In der Verfilmung kommt ein ähnliches Motiv in Gestalt des Bauern Bezzi vor. Auch dieser verlässt seinen kleinen Hof mit Kind und Kegel auf einem Heuwagen. Allerdings gab man für den Film der Episode einen humorvolleren Anstrich, inklusive der Weihnachtsgeschichte unter dem Dach eines kommunistischen Amtsgebäudes.

»Al Cavallino Bianco«, einer dieser Gnadenorte der Gastronomie

Mama Spigaroli kennt die Geschichten und kannte auch Guareschi sehr gut. Massimo erzählt uns, dass Guareschi Anfang der 60er Jahre daran gedacht hatte, in Polesine sein Ristorante zu eröffnen. Er war sehr oft auf dem Hof und dem Anwesen. Damals entschloss sich jedoch die Familie Spigaroli, selbst den Aufbau des heutigen Restaurants zu übernehmen, und Guareschi eröffnete stattdessen sein »Ristorante Guareschi« in Roncole-Verdi.

Beide Brüder arbeiten viel und hart, jeder in seinem Bereich. Luciano kümmert sich um den Service und bemüht sich um die Gäste, Massimo ist der Küchenchef. Er ist schon auf der ganzen Welt herumgekommen und arbeitete in den renommiertesten Häusern der Gastronomie. Dort hat er gelernt, dass neben einer sensationellen Küche auch professionelles Auftreten und Vermarktung stimmen müssen. Dazu zählt der Verkauf von allen möglichen hausgemachten Nahrungsmitteln, wie Marmelade, Honig, *Mostarda de cotogna*, eingelegten Quitten mit senfartigem Geschmack, den hauseigenen Weinen, Likören und Grappe.

Kurz vor dem Landgut weist ein Schild den Weg zum »Cavallino Bianco«. Festlich gedeckte Tische empfangen die Gäste im kleinen Speisesaal des Ristorante.

Ganz genau kann man sich hier noch an die bevorzugten Gerichte Guareschis erinnern. Der Küchenchef hat diese Gerichte für uns gekocht und die Rezepte verraten – von der einfachen Suppe mit *Anolini* bis zur Leibspeise der Guareschis, den *Tortelli all'erbette* und einer raffiniert zubereiteten Ente mit Rosmarin und Wacholder. Der ganz besondere Stolz des Massimo Spigaroli sind seine hausgemachten *Gnocchi*, die eher an *Orichiette* erinnern. Der Teig wird nicht wie kleine Knödel geformt, sondern flach gedrückt ins Salzwasser gegeben. Eine wirkliche *Specialità della casa*, die es laut Massimo nur bei ihm gibt.

Guareschis

WAS ER IM CAVALLINO

Lieblingsrezepte

BIANCO GERNE GEGESSEN HAT

REZEPTE NACH MASSIMO SPIGAROLI

Anolini in brodo di cappone

ANOLINI IN KAPAUNBRÜHE

FÜR 6 PERSONEN

FÜR DIE FÜLLUNG:

50 G BUTTER

50 G SEMMELBRÖSEL

250 G PARMESAN,
FRISCH GERIEBEN

3 EIER, VERQUIRLT

SALZ, MUSKATNUSS

FÜR DIE PASTA:

400 G MEHL

4 EIER

1 PRISE SALZ

1 EL OLIVENÖL

MEHL FÜR DIE ARBEITSFLÄCHE

2 L BRÜHE (HÜHNER- UND
RINDERBRÜHE GEMISCHT),
AM BESTEN SELBST GEKOCHT

PARMESAN, FRISCH GERIEBEN,
ZUM BESTREUEN

Für die Füllung: Die Butter in einer Kasserolle zerlassen. Die Semmelbrösel zugeben und bräunen. Vom Herd nehmen und abkühlen lassen, bis die Masse nur noch lauwarm ist. Parmesan, Eier, Salz und Muskatnuss hinzufügen und gründlich mischen.

Für die Pasta: Alle Zutaten zu einem glatten, geschmeidigen Teig verkneten. Den Teig mit einem Küchentuch bedecken und 30 Minuten ruhen lassen.
Den Teig auf einer bemehlten Arbeitsfläche in mehreren Partien sehr dünn ausrollen. Kleine Portionen der Füllung jeweils auf einer Hälfte der Teigplatten verteilen und die andere Hälfte darüber falten. Mit einer runden Form (Durchmesser etwa 40 mm) so ausstechen, dass sich immer eine Füllung im Mittelpunkt des Kreises befindet. Die Schnittkanten jeweils mit den Zinken einer Gabel rundherum zusammendrücken.

Die Brühe zum Kochen bringen. Die Anolini zugeben und 10 Minuten kochen, bis sie al dente sind. Mit reichlich Parmesan bestreut servieren.

Tortelli all'erbette

NUDELTEIGTASCHEN MIT KRÄUTERFÜLLUNG

FÜR 6 PERSONEN

Für die Füllung: Alle Zutaten gründlich mischen.

Für die Pasta: Mehl und Salz in eine große Schüssel oder auf die Arbeitsfläche geben. Anhäufen, in der Mitte eine Mulde bilden und die Eier mithilfe einer Gabel oder mit den Fingerspitzen in das Mehl einarbeiten. Den Teig kneten, bis er fest und elastisch ist (bei Bedarf etwas Wasser zugeben). In Frischhaltefolie wickeln und etwa 30 Minuten bei Zimmertemperatur ruhen lassen. Den Teig auf einer bemehlten Arbeitsfläche dünn ausrollen (eventuell zuvor in zwei oder drei Portionen teilen) und mit dem verquirlten Ei bestreichen. Die Teigplatten in 8 bis 9 cm breite Streifen schneiden. Entlang der Längsseite der Teigstreifen im Abstand von 3 bis 4 cm und etwa 1 cm vom Rand entfernt je 1 gut gehäuften Teelöffel der Füllung setzen. Jeweils die leere Hälfte der Teigstreifen über die Füllung klappen und die Teigränder mit den Fingern zusammendrücken. Mit dem Teigrädchen in Quadrate schneiden und den Teig an den Schnittkanten wiederum zusammendrücken. In einem großen Topf reichlich Salzwasser zum Kochen bringen. Die Tortelli hineingeben und 3 bis 5 Minuten garen, bis sie al dente sind. Mit dem Schaumlöffel herausnehmen und zum Abtropfen kurz in ein großes Sieb geben.

Für die Sauce: Mit der Hälfte des Parmesans den Boden einer Auflaufform bestreuen. Die Tortelli einfüllen und mit dem restlichen Parmesan bestreuen. Die Butter gleichmäßig verteilt darüber gießen und sofort servieren.

FÜR DIE FÜLLUNG:

400 G RICOTTA, ZERBRÖCKELT

150 G PARMESAN, FRISCH GERIEBEN

50 G FRISCHE KRÄUTER, BLANCHIERT UND GEHACKT

1 EI

MUSKATNUSS

FÜR DIE PASTA:

500 G MEHL

1 PRISE SALZ

2 EIER

1 EI, VERQUIRLT

MEHL FÜR DIE ARBEITSFLÄCHE

FÜR DIE SAUCE:

100 G PARMESAN, FRISCH GERIEBEN

100 G IM WASSERBAD ZERLASSENE BUTTER

Gnocchi della sagra

FESTTAGS-GNOCCHI

FÜR 6 PERSONEN

FÜR DIE PASTA:

450 G MEHL

50 ML OLIVENÖL

1 PRISE SALZ

MEHL FÜR DIE ARBEITSFLÄCHE

FÜR DIE SAUCE:

50 G BUTTER

50 G FEIN GEHACKTE ZWIEBELN

400 G FRISCHE REIFE TOMATEN
ODER TOMATEN AUS DER DOSE

1 ZWEIG BASILIKUM, ZERKLEINERT

SALZ

PARMESAN, FRISCH GERIEBEN,
ZUM BESTREUEN

Für die Pasta: Alle Zutaten zu einer mittelfesten Masse mischen, nach Bedarf etwas warmes Wasser hinzufügen. Den Teig 5 Minuten ruhen lassen.

Den Teig auf einer bemehlten Arbeitsfläche dick ausrollen und in 3 cm breite Schnittchen schneiden oder den Teig zerteilen und Klößchen formen. (Gnocchi werden in Italien je nach Region in Schnittchen oder Klößchen geformt.)

Für die Sauce: Die Butter in einer Pfanne zerlassen und die Zwiebeln darin glasig dünsten. Die überbrühten und gehäuteten Tomaten zugeben und bei geringer Hitze 1 Stunde garen. 10 Minuten vor Ende der Garzeit das Basilikum hinzufügen. Die Sauce mit Salz abschmecken und durch ein Sieb passieren.

Die Gnocchi in reichlich Salzwasser kochen, bis sie nach oben steigen. Abgießen. In eine Servierschüssel geben und mit der Tomatensauce mischen. Mit reichlich Parmesan bestreut servieren.

Fritto misto del fiume Po

FISCHPLATTE MIT FRITTIERTEN SÜSSWASSERFISCHEN

FÜR 6 PERSONEN

Aal, Waller, Zander in der Eimasse wälzen und anschließend in Semmelbröseln wenden. Die kleinen Süßwasserfische in Mehl wenden.

Das Schweineschmalz in einem großen Topf erhitzen. Alle Fischsorten hinzufügen und goldbraun und knusprig frittieren. Nach 7 Minuten den Rosmarinzweig zugeben. Die Fische auf einer Servierplatte anrichten und nach Belieben mit Muskatnuss und Salz bestreuen. Mit Zitronenscheiben garniert sofort servieren.

Anmerkung: Im Original werden statt des Zanders 18 Froschschenkel verwendet. In Deutschland jedoch stehen Frösche unter Artenschutz, daher unterliegt der Handel mit Froschschenkeln, das heißt deren Einfuhr, gesetzlichen Bestimmungen. Seit Jahren ist der Verzehr von Froschschenkeln verpönt. Mit seinem zarten, weißen, fast grätenfreien Fleisch ist der Zander in diesem Rezept ein ausgezeichneter Ersatz.

500 G AAL, GEHÄUTET UND IN 4 CM GROSSE STÜCKE GESCHNITTEN

400 G WALLER (WELS), IN 4 CM GROSSE STÜCKE GESCHNITTEN

400 G ZANDER

400 G KLEINE SÜSSWASSERFISCHE (ARTEN NACH BELIEBEN)

2 EIER, VERQUIRLT

300 G SEMMELBRÖSEL

100 G MEHL

2 KG SCHWEINESCHMALZ

1 ZWEIG ROSMARIN

MUSKATNUSS

SALZ

1 ZITRONE, IN DÜNNE SCHEIBEN GESCHNITTEN

Stracotto alla parmigiana

PARMENSISCHER RINDERSCHMORBRATEN

FÜR 6 PERSONEN

Das Schweineschmalz in einer Kasserolle erhitzen. Karotten, Sellerie, Zwiebeln und Knoblauch zugeben und unter ständigem Rühren dünsten, bis die Zwiebeln glasig sind.

Das Fleisch in Mehl wenden und in die Kasserolle geben und rundum kräftig bräunen. Den Wein zugießen und weitgehend verdampfen lassen.

Tomaten, Brühe und Lorbeerblatt hinzufügen und das Ganze 2,5 bis 3,5 Stunden schmoren lassen. Bei Bedarf Wasser zugießen, damit nichts anbrennt. Das Fleisch herausnehmen und 10 Minuten ruhen lassen.

Den Bratensud durch ein Sieb passieren und mit Mohn und Zimt abschmecken.

Das Fleisch in Scheiben schneiden, auf einer Servierplatte anrichten und die Sauce darüber geben. Sofort servieren.

100 G SCHWEINESCHMALZ

100 G KAROTTEN, GEWÜRFELT

100 G STANGENSELLERIE, IN SCHEIBEN GESCHNITTEN

1 GROSSE ZWIEBEL, GEWÜRFELT

1 KNOBLAUCHZEHE, GEWÜRFELT

1 KG RINDFLEISCH ZUM SCHMOREN (OBERSCHALE, HÜFTE ODER NUSS)

40 G MEHL

1/4 L LAMBRUSCO

230 G REIFE TOMATEN, ÜBERBRÜHT UND GEHÄUTET, ODER AUS DER DOSE

1/2 L FLEISCHBRÜHE

1 LORBEERBLATT

MOHNSAMEN

ZIMT

Anatra al rosmarino e ginepro

ENTE MIT ROSMARIN UND WACHOLDERBEEREN

FÜR 6 PERSONEN

1 TL WACHOLDERBEEREN

1 ZWEIG ROSMARIN

1 TL SALZ

1 KÜCHENFERTIGE ENTE

50 G BUTTER

200 ML WEISSWEIN

Wacholderbeeren und Rosmarin im Mörser fein zerstoßen und das Salz untermischen. Die Ente mit gut drei Viertel der Kräuter-Salz-Mischung außen und innen einreiben und 48 Stunden in den Kühlschrank stellen. Zum Zubereiten der Ente den Backofen auf 170 °C (Umluft 150 °C, Gas Stufe 1–2) vorheizen.

Die Butter in einem Bräter zerlassen und darin die Ente rundherum kräftig bräunen. Den Wein hinzufügen und die Hälfte davon verdampfen lassen. Den Bräter in den vorgeheizten Ofen geben und die Ente mit der Brustseite nach oben – zugedeckt! – etwa 2 Stunden braten, bis sie vollkommen durch ist. Dabei alle 30 Minuten mit dem Bratensaft aus dem Bräter übergießen. Nach 1,5 Stunden den Deckel abnehmen und die Ente knusprig braun werden lassen.

Die Ente aus dem Bräter nehmen, tranchieren und 30 Minuten ruhen lassen. Inzwischen den Bräter auf den Herd stellen und eventuell mit einem Holz-löffel den anhaftenden Bratensaft lösen. Bei mittlerer Hitze den Bratensud um die Hälfte reduzieren. Mit der restlichen Gewürzmischung abschmecken. Die Entenstücke auf einer Servierplatte anrichten und ein wenig Sauce darüber träufeln, den Rest der Sauce separat servieren.

Als Beilagen eignen sich in Butter gedünstetes Gemüse der Saison und gekochte mehlige Kartoffeln ausgezeichnet.

Semifreddo
all'amaretto con frutti di bosco

AMARETTO-HALBGEFRORENES
MIT WALDBEEREN

FÜR 6 PERSONEN

Eigelb und Eiweiß trennen. Die Eiweiße in eine Schüssel und die Eigelbe in den Mixer geben. Den Zucker zu den Eigelben in den Mixer schütten und das Ganze cremig schlagen. Die Butter hinzufügen und weitere 15 Minuten schlagen. Das Eiweiß sehr steif schlagen, die Amaretti-krümel und anschließend die Eigelbmasse vorsichtig unterheben.

Die Löffelbiskuit kurz in Rum tauchen und damit eine gefrierfeste Auflaufform auslegen. Die Masse in die Form füllen und diese etwa 12 Stunden ins Gefrierfach stellen.

Das Halbgefrorene aus der Form auf eine ausreichend große Platte stürzen und in Stücke schneiden. Auf einer Servierplatte anrichten und üppig mit Beeren garnieren.

Man kann die Beeren auch mit Zabaione servieren.

5 EIER

250 G WEICHE BUTTER
(ZIMMERTEMPERATUR)

130 G ZUCKER

250 G AMARETTI,
ZU KRÜMELN ZERSTOSSEN

10 LÖFFELBISKUIT

100 ML RUM

500 G GEMISCHTE WALDBEEREN
(BEERENFRÜCHTE:
HIMBEEREN, BROMBEEREN,
HEIDEL- UND PREISELBEEREN)

Ein Hauch von Guareschis Seele

»DIOLO IST WIRKLICH EIN ORT GUARESCHIS.
DIE INSPIRATION UND DIE SEELE
VON GUARESCHI IST IN DIOLO.«

AUS DER EINLEITUNG DES MUSEUMSFÜHRERS

Herzlich empfängt das Ehepaar Bertozzi alle auf Guareschi Neugierigen und beantwortet mit Engelsgeduld jede Frage um Guareschis Leben. Ihr Museum in Diolo – ganz anders als das in Brescello, das sich hauptsächlich mit den Filmen und dem Drumherum beschäftigt – beleuchtet Leben und Werk des berühmten Autors. Cesare Bertozzi, ein großer Fan von Giovannino Guareschi, mit einem Schnurrbart, der dem seines Idols gleichkommt, hat das Museum im Mai 1998 in einem alten Glockenturm in Diolo eröffnet. Es liegt im grünen Herzen der Bassa, der grünen Sahara – oder, wie Guareschi es formulierte: »*Ein außerirdischer Platz, wo die Sonne in die Gehirne der Menschen brennt und sie eher mit Stöcken als mit ihrem Verstand argumentieren.*«

Im Museum findet man ganz unterschiedliche Erinnerungsstücke, wie Guareschis Bücher, diverse Ausgaben des *Candido* und einige bunt gemischte Fotos und Postkarten. Der ganze Stolz des »*Centro del Boscaccio*« ist die wandfüllende Karte der Kleinen Welt. Dort sind all die Orte eingezeichnet, die Guareschi zu den Schauplätzen seiner Geschichten inspi-

rierten, sowie all die Orte, an denen die verschiedenen Charaktere wie Smilzo, Gina dei Filotti, Mariolino della Bruciata etc. in Wirklichkeit lebten, und, so fügt Alberto Guareschi hinzu: *»Auch wenn es nicht die tatsächlichen waren, sind sie dennoch sehr real.«* Sowohl Giovannino Guareschi als auch Giuseppe Verdi schrieben, dass es manchmal einfach notwendig sei, die Realität zu erfinden. Diese Realität haben die Bertozzis in den letzten Jahren auf Fotos festgehalten und mit handgeschriebenen Texten versehen.

Das Eheppar Bertozzi begrüßt Museumsbesucher persönlich und führt durch das liebevoll ausgestattete »Centro del Boscaccio«. Handgemalt ist die Wandkarte mit den wichtigsten Schauplätzen der Kleinen Welt. Rechts: Traktoren in der Bassa – zu Zeiten Guareschis Luxusgefährte, heute immer noch im Dienst.

Signore Bertozzi weiß zu erzählen, dass Guareschi mehrere Landgüter, so genannte *Poderi*, bewirtschaftete. An der Wand im Museum hängt ein Foto des Traktors, der die mühevolle Arbeit auf dem Feld seinerzeit sehr erleichterte – ein seltener Luxus, denn Traktoren waren teuer.

Guareschi
und die Traktoren

Guareschi hat sich für einen deutschen *All-geier-Traktor* entschieden, ganz im Gegensatz zu unserem kommunistischen Bürgermeister, der ein russisches Modell als Geschenk für seine Kommune erhielt. Als das Gefährt mit dem bedeutsamen Namen »Chruschtschow« feierlich auf dem Dorfplatz vor großem Publikum vorgeführt werden sollte, gab es, zur Blamage der Parteioberen, keinen Mucks von sich. Nach tagelangen vergeblichen Mühen, das Ungetüm in Gang zu bringen, war Peppone am Rand der Verzweiflung.

Als letztes Mittel rang er sich schließlich dazu durch, »Hilfe von oben« anzunehmen. Er ließ Don Camillo rufen. Geschmeichelt fragte dieser scheinheilig nach dem Fortgang der Reparaturversuche. Nach einer kurzen Auseinandersetzung verlangte Peppone vehement, dass Don Camillo auf der Stelle das Gefährt segnen solle, was dieser auch tat.

Der kirchliche Segen veranlasste das sozialistische Gefährt dazu, sofort anzuspringen und mit einem überglücklichen Bürgermeister mitten in der Nacht aus der Werkstatt zu tuckern. Die göttliche Hilfe und die ihr vorangestellte Bedingung blieb – wie immer – eins der Geheimnisse zwischen den beiden.

us dem Leben des Autors wissen wir bereits, dass die Mutter von Giovannino Landschullehrerin war und Pate stand für den Charakter der gestrengen Signora Christina in den Filmen. An den Wänden des Museums-Campanile finden wir dazu den Beweis: eine Tafel mit dem Foto von Lina Maghenzani, ein altes Klassenfoto und den Brief einer Schülerin an ihre Klassenlehrerin. Und so stellte sich Guareschi die Figur für seine Geschichten vor:

Drei Namen, eine Figur: Die Mutter von Guareschi, Lina Maghezani, war Vorbild für die Romanfigur Donna Giuseppina, im Film die Grundschullehrerin Signora Christina.

Signora Christina

Signora Christina ist die alte Lehrerin des Dorfes. Klein und gebeugt, jedoch mit funkelnden Augen, beobachtet sie die Veränderungen der »modernen Zeit«. Vor den Roten hat sie keine Angst. Aber auch nicht vor dem Priester! Wir kennen alle den berühmten Ausruf »Peppone ist ein Esel!«. Weniger bekannt aber ist folgende giftige Rede der Signora: »Camillo, du bist ein Esel! Du bist ein Esel, auch wenn dieser Unglücksmensch von deinem Vater dich aufs Seminar schicken will. Aufs Seminar! Es wäre viel besser, er würde dich Stallknecht werden lassen!« (»Die alte Lehrerin« aus »… aber Don Camillo gibt nicht auf«) Und als Don Camillos Hund einen Geranientopf der Lehrerin zerbricht, droht sie dem Priester mit

dem Stock und schreit, dass es auch für bolschewistische Priester einen Gott gebe. Die alte Lehrerin – ein Giftzahn? Das würde niemand im Dorf behaupten. Ganz im Gegenteil, man wäre sofort bereit, die Ehre der Signora Christina mit Fäusten oder einem ordentlichen Knüppel zu verteidigen.

Für Giovannino Guareschi waren Lehrerinnen Respektspersonen. Seine eigene Mutter war bis zu ihrem Tod Landschullehrerin gewesen. Wenn schon Bürgermeister und Priester in der Bassa sich Respekt nur durch Stärke sichern können, dann muss eine Lehrerin auch »stark« sein. Natürlich kann hier keine körperliche Stärke gemeint sein – das würde nicht den fast ehrfürchtigen Respekt erklären, den die Ein-

wohner des Dorfes für die Lehrerin haben. Ein Respekt übrigens, der der jungen Lehrerin nicht erwiesen wird. Als die Kirchturmuhr und die Rathausuhr zu verschiedenen Zeiten läuten, fragt die junge Lehrerin schüchtern, nach welcher Uhr sich die Kinder denn zu richten hätten. Peppone fertigt sie kurz ab: »Nach der Uhr der Gemeinde. Jener Gemeinde, die Sie bezahlt!« Das hätte sich Signora Christina nicht bieten lassen, schon gar nicht vor versammelter Klasse …

Der Respekt für die alte Lehrerin entspringt ihrem Alter. Spiccio, einer aus Peppones Stab, wagt einmal schüchtern den Einwand: »Signora, es sind ja dreißig Jahre her …« Da brauchte die alte Lehrerin nur die Brille aufzusetzen, und es schien, als sei sie dreißig Jahre jünger. Und ebenso ergeht es dem versammelten roten Gemeinderat.

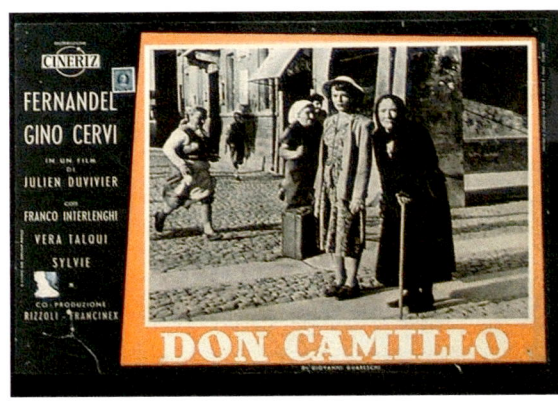

Die alten Zeiten … Königreich, Beschaulichkeit, Übersichtlichkeit und Sicherheit bei Familie, Staat und Kirche. Doch diese Zeiten vergehen. Vergessen wir nicht, dass zum Zeitpunkt der Geschichten um Don Camillo und Peppone unter schweren Wehen ein neues Italien geboren wurde. Man hatte die Monarchie abgeschafft und den König verbannt. Aus dem Abenteuer des Faschismus hatte man sich noch relativ schadlos befreien können, aber die Narben des Krieges waren überdeutlich. »Bella Italia«? Guareschi befand, es sei bestenfalls »Italia Provisoria«. Wo sollte man Halt finden? Ganz im Gegensatz zu den Filmen ist Guareschi in seinen Geschichten offener: Zur gleichen Zeit, als Signora Christina dem roten Gemeinderat Nachhilfe in Sachen Rechtschreibung gibt, unterhalten die italienischen Kommunisten Säuberungsgeschwader, die sich nicht scheuen, jeden zu liquidieren, der ihnen unangenehm ist. Andere Gruppen schlagen zurück. Manche sind politisch motiviert, manche sind auch nur *Banditi*. Und die Jugend? Die ließ ihre Herzen im Takt der Beat-Platten schlagen und verspottete bald alle Signora Christinas.

Guareschi würde jetzt schreiben: »Aber Freunde! Ich schweife ab! Ich wollte euch doch von der Signora erzählen und was sie isst, denn auch wenn eine Lehrerin zwei- oder dreitausend Jahre alt ist – essen muss sie doch!« Und da hätte er Recht. Aber die Mahlzeiten der Signora Christina sind einfach und werden in den Geschichten kaum erwähnt. Eine magere

Taube, die der Großbauer Filotti dem alten Giacomo von der Brusciata weggeschossen hat, wird für Fräulein Christina zu einem Braten. (Auf Seite 254 finden Sie dazu das Rezept für Nudeln mit Taubenragout.) Die Taube ist ein Geschenk, wie übrigens das restliche Essen der Lehrerin auch. Ihr Antrag auf eine Pension wird von der Regierung verschleppt, und so kommt das Dorf selbstverständlich gemeinsam für die Lehrerin auf.

Doch das ist nicht so einfach. Wir wissen genug über die Signora, als dass wir glauben könnten, sie würde sich das Essen schenken lassen! Das Dorf behilft sich mit einem Trick: Statt der zehn oder zwanzig Gramm Butter oder Fleisch, die sie kaufen will, wickelt man ihr eben hundert oder sogar zweihundert Gramm ein. Später kann man ihr auch acht Eier geben, wenn sie nur zwei bestellt. Eier, Butter, etwas Fleisch. Einmal ein Täubchen mit etwas Brot. Ein geradezu bescheidenes Essverhalten, das sowohl die Not als auch der Stand diktieren. Die Signora in einem Gasthaus? Unerhört! Sie bräuchte wohl nichts zu zahlen, aber ihr Anstand ließe es gar nicht zu, sich so unschicklich in der Öffentlichkeit zu zeigen. Als Italienerin wird sie wohl die Pasta lieben; wenigstens das dürfen wir annehmen.

*Links: Das Haus der Signora Christina heute –
am See mit der versunkenen Kapelle.
Unten: Der Campanile in Diolo –
das sehenswerte Museum der Bertozzis.*

Im Jahr 1800 trat der Fluss wieder einmal über seine Ufer, und die Kirche versank in den Fluten. Zurück blieben nur die kleine Kapelle und der See, den wir heute noch hier finden. Er soll so tief sein, dass sogar die Glocken des versunkenen Kirchturms nie gefunden werden konnten. Seitdem geht die Sage, man höre die Glocken der versunkenen Kirche schlagen, wenn einer aus dem Dorf sterbe.

Dichtung und Wahrheit im Nebel des großen Flusses

Wie Spürhunde auf der Jagd machen wir uns nun in Richtung Po weiter auf die Suche nach Spuren von Guareschis Ideen und werden schon nach wenigen Kilometern fündig. Kurz vor den Niederungen des Po halten wir auf dem neu errichteten Damm an und finden dort ein altes, allein stehendes Haus, das in einem kleinen Anbau eine Kapelle beherbergt. Der Guareschi-Kenner erzählt uns die merkwürdige, mystische Geschichte vom Haus der Signora Christina und dem idyllischen See bei Ragazzola, in der Nähe des Po.

Zu allen Zeiten lebten die Menschen hier mit den Überschwemmungen und nahmen dieses Unglück mit der ihnen eigenen beinahe unglaublichen Gelassenheit hin. Nach dem Rückzug der Fluten kehren sie wieder zu ihrem normalen Leben zurück, auch wenn der Fluss ihnen alles Hab und Gut fortgeschwemmt hat. Wenn die grauen Novembernebel vom großen Fluss heraufziehen, rücken die Familien in den Häusern näher an den Kamin, und die Alten beginnen die geheimnisvollen Geschichten von der Bassa zu erzählen:

Der große Guareschi, der »*in der Lage war, mit nur 300 Worten ein Buch zu schreiben*«, macht daraus das Finale der Liebenden im zweiten Film.

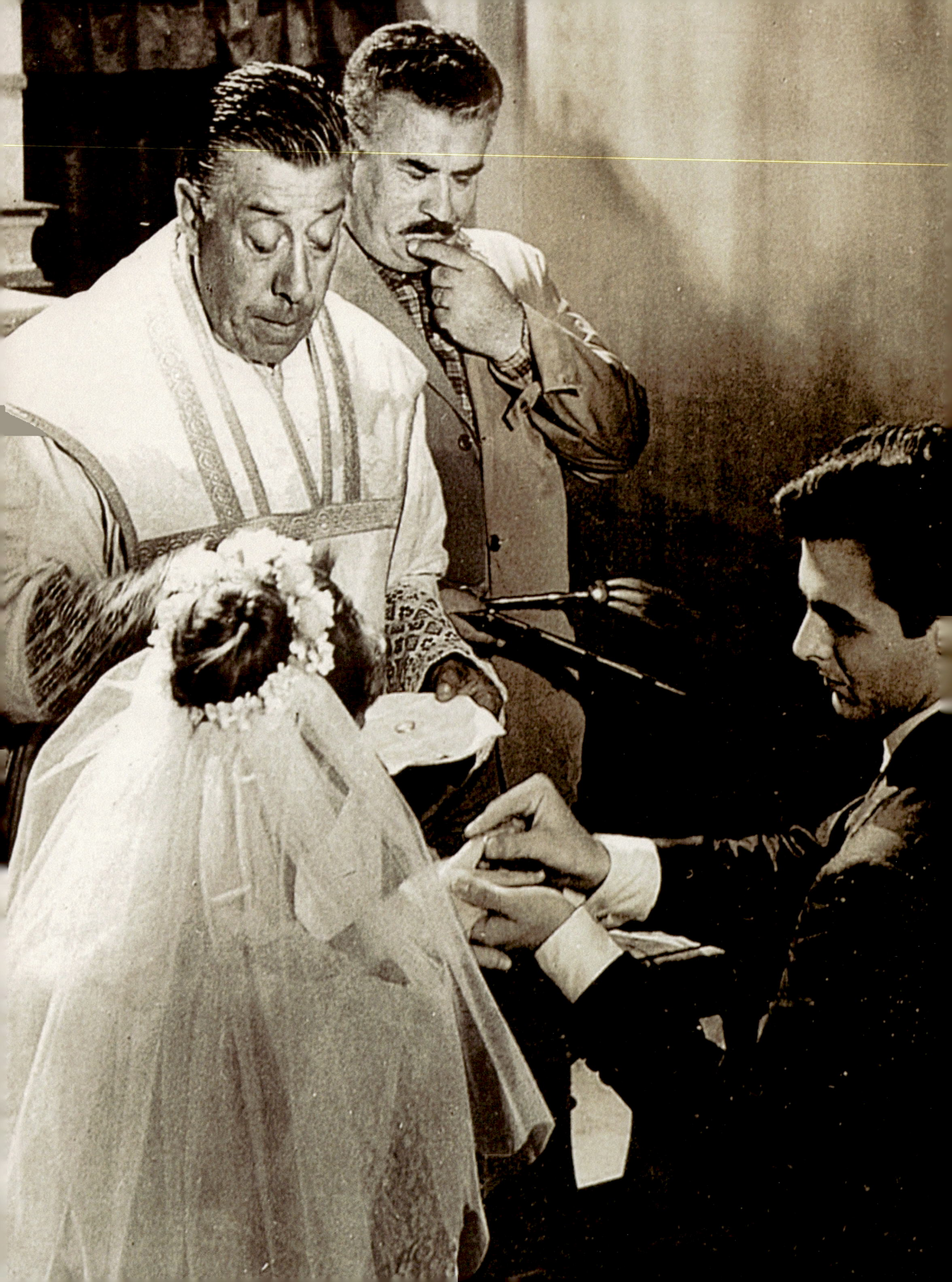

Die Glocken der versunkenen Kapelle

Mariolino und Gina haben den Entschluss gefasst, gegen den Willen ihrer verfeindeten Familien zu heiraten, und flehen den Pfarrer an, sie auf der Stelle zu trauen. Doch Don Camillo belehrt sie, dass erst ein Aufgebot bestellt werden und der Vormund von Gina, die noch nicht volljährig ist, seine Zustimmung geben muss. Daraufhin eilt das Paar zum Bürgermeister, er solle sie vermählen, doch auch von ihm werden sie auf den nächsten Tag vertröstet. Mariolino und Gina wollen vor Gram lieber ins Wasser gehen, als auf ihre Liebe verzichten. Sie eilen zum Fluss. Da beginnen die Glocken der halb versunkenen Kapelle am Flussufer zu läuten und tragen die Botschaft vom drohenden Unheil ins Dorf. Gott sei's gelobt, Don Camillo und Peppone ahnen das Unglück und trommeln die verfeindeten Familien zusammen, um bei Nacht und Nebel und mit Fackeln am Ufer des Flusses nach den Liebenden zu suchen und das Schlimmste zu verhindern. Das gelingt, und die verfeindeten Familienväter stimmen schließlich unter dem Druck von Priester und Bürgermeister doch noch der Hochzeit zu. Die Trauung soll vom Bischof höchstpersönlich vollzogen werden und zwar anlässlich der Einweihung des Volkshauses und des Kindergartens.

»Die Idee der verfeindeten Bauernfamilien stammt von Guareschis Großvater«, erzählt uns Signore Bertozzi. »Die echten Höfe dieser Familien lagen in Wirklichkeit in der Nähe von Ragazzola.«

Es ist ganz einfach »*eine kleine Welt, ein Landstädtchen irgendwo in der Poebene, jeder schlägt sich herum, um die Welt nach seiner Fasson zu ändern, und es geschehen hier Dinge, die nirgendwo sonst in der Welt möglich sind*«. (Aus dem Nachspann der deutschen Filmfassung von »Hochwürden Don Camillo«). Soweit Dichtung und Wahrheit …

Vorige Seiten: 1950 gab es wieder einmal ein verheerendes Hochwasser in der Bassa – in »Don Camillos Rückkehr« das tragende Thema.

Glockenläuten im Film – Happy End einer beinahe tragischen Liebesgeschichte zwischen Gina und Mariolino und ihren verfeindeten Familien.

Feiern und essen in den 50er Jahren

VIELE TRADITIONELLE GERICHTE HABEN SICH
SEIT DON CAMILLOS ZEITEN KAUM VERÄNDERT.
BIS HEUTE GIBT ES FESTE BRÄUCHE IN DER BASSA,
WAS AN FEIERTAGEN AUF DEN TISCH KOMMT.

Nach diesem guten Ende durfte also Mariolino nun doch seine angebetete Gina heiraten, und sie feierten das mit einem rauschenden Hochzeitsfest.

Fröhlich gefeiert und gut gegessen wurde zu allen Zeiten in italienischen Familien. Die Küche der 1950er Jahre war in ganz Italien einfach und gut, und das Essen ist – nach wie vor – eine heilige Tradition. In der Bassa gab es »Pasta e Patata«, die Landküche mit Nudeln und Kartoffeln, oft kombiniert mit Bohnen, und dazu immer – selbstverständlich – der geriebene Parmigiano. Blicken wir zurück: Der Tauschhandel blühte. Jeder hatte irgendwelche Verbindungen zu den köstlichen Spezialitäten der Bassa. Die Fischer tauschten Aal gegen Salami, und mancher Schinken wurde in wohlriechenden Parmigiano eingewechselt. Man half sich gegenseitig, wie das bis heute in Italien der Fall ist. Der Einzelne hatte nicht viel, aber durch das Tauschen und Teilen – also durch Freundschaft und Menschlichkeit – hatte jeder von allem etwas.

Das Bemalen der Krippenfiguren

Typisch Guareschi ist jene vorweihnachtliche Szene, in der Don Camillo und Peppone friedlich die Krippenfiguren säubern und bemalen. Der Film erweist sich hier als das kräftigere Aussagemittel – und hat auch die heftigeren Reaktionen erbracht. Der böse Kommunist sitzt friedlich mit dem Landpfarrer am Tisch und erfrischt die Wangen des Jesuskindleins. Was als harmonischer Ausgleich gedacht war, wurde zum Stein des Anstoßes sowohl in rechten wie linken Medien. Die Kommunisten sahen sich verhöhnt, die Konservativen sahen die rote Gefahr verharmlost. Die heute recht mäßige Derbheit in »Peppone ist ein Esel – Don Camillo ist ein Ochse« führte in den 1950er Jahren zu wütenden Protesten. Es war eben die Zeit der ideologischen Kämpfe. Don Camillos letztes Wort »Unter Hornvieh versteht man sich …« wurde nicht minder übel aufgenommen.

———

Die heilige weihnachtliche Tradition des Essens in der Bassa der 50er Jahre beginnt mit den traditionellen *Gnocchi Piatti*, die am **Heiligen Abend** von der Familie gegessen wurden und die dicken *Orichiette* ähnlich sehen; sie wurden am Tag vor Heiligabend frisch zubereitet. Wenn draußen die feuchten Nebelschwaden des großen Flusses vorüberzogen, wurde in der warmen Küche der Teig

aus Kartoffeln oder Hartweizengrieß geknetet und geformt. Die kleinen Klößchen wurden – und das war das Besondere – mit dem Daumen flach gedrückt und anschließend auf großen Tüchern bis zum nächsten Tag aufbewahrt, dann kurz in sprudelndem Wasser gekocht und mit Butter und Parmesan festlich serviert. Nur dieses eine Mal im Jahr wurden die flachen *Gnocchi* serviert.

Weihnachten bei Don Camillo

»In der Stadt bringt eben das Christkind die Geschenke. Hier bei uns fällt das in die Zuständigkeit der heiligen Lucia!« So barsch könnte ein Kommunist einem Besucher aus Parma oder gar Mailand das Weihnachtsfest der Bassa erklären. Oder, sollten wir einem der schlimmsten Roten über den Weg laufen, könnte er sogar knurren: »Hier genügt's zu sagen: Stalin, bring mir das Geschenk!«
Dennoch ist die Weihnachtszeit in der Bassa eine besinnliche Zeit. Direkt nach dem Krieg ist es wirklich die heilige Lucia, die den Kindern die Geschenke bringt. Bevor diese sich ins Bett legen, stellen sie ihre geputzten Schuhe auf das Fensterbrett und legen ein kleines Säckchen mit Kleie daneben. Für das Eselchen, das ja alle Geschenke tragen muss.

Probleme bereiten da allerdings »Umzüge«. So muss der kleine Gigino erfahren, dass ihn die heilige Lucia einfach vergessen hat, weil er doch seinem Vater nach Parma folgen musste, während das kleine Haus in der Bassa jetzt leer steht. Sicher hat die heilige Lucia dort die Geschenke vorbeigebracht! Dabei war es nur Giginos Vater, der das Fest der heiligen Lucia einfach vor lauter Arbeit vergessen hat. Aber es wird nachgeholt.

Schlimmer trifft es einen anderen Jungen, dessen Vater strammer Kommunist ist und die heilige Lucia durch den Genossen Stalin ersetzen will. »Stalin, bring mir das Geschenk!« lässt er seinen kleinen Sohn vor den Augen von Peppone sagen. Aber Peppone deckt das Spiel seines Parteigenossen nicht. Von Gewissensbissen getrieben, will er die Stalin'schen Geschenke in den Fluss werfen. Doch er kommt zu spät, denn der angeblich so stramme Kommunist hat das schon vorher erledigt. Geschenke bringt auch in der Basssa nur der Bote des Himmels, nicht der aus Moskau.

Mit fortschreitender Zeit aber wird in der Bassa das Weihnachtsfest eingeführt, das auch wir kennen. Weihnachtsbäume werden nicht nur Mode, sondern erschwinglich. Unverzichtbar ist eine Krippe. Die Wunschliste wird dem Vater als Brief überreicht, den er an das Christkind »weiterleiten« kann.

Abgesehen von solch kleinen Dingen, hat es natürlich einmal auch einen kommunistischen Großangriff auf Weihnachten gegeben, oder auf »die sentimentale Festung der Pfaffen«,

wie Genosse Lungo es nannte. Alle Kommunisten des Dorfes wollten Weihnachten wie einen normalen Arbeitstag begehen. Kein Baum, kein Festessen, keine Geschenke. Doch die Offensive bleibt gleich zu Anfang stecken. Peppones Frau macht den Blödsinn nicht mit, und bei Lungo feiert der kleine Sohn sogar heimlich mit einer selbst gebastelten Krippe auf dem Speicher. Da muss noch nicht einmal Don Camillo selbst eingreifen. Die Genossen regeln die Sache unter sich. Lungo bekommt einige gewaltige Ohrfeigen wegen seines Kriegsplans gegen Weihnachten, und dann können endlich auch die Roten friedlich feiern.

———

An den folgenden **Weihnachtstagen** gab es in der Bassa gefüllte Pasta. Die kleinen rechteckigen Nudelteigtaschen mit dem gezackten Rand, die *Anolini.* Ihren Ursprung haben sie in Mantua, und sie wurden meist mit Bratenresten gefüllt. Besonders beliebt waren die *Anolini* in Fleischsuppe oder Rinderbrühe.

Zu **Silvester** kamen hausgemachte *Tagliatelle* mit frischer Butter und Parmesan auf den Tisch. In den großen Gutshöfen wurde nur in der kalten Zeit um Weihnachten frische Butter gemacht; Kühlschränke oder gar Gefriertruhen gab es zu diesen Zeiten auf dem Lande noch nicht. Diese Butter hatte einen herrlichen Geschmack und verlieh den Band-

Don Camillos »Flughühner« zum Jahreswechsel

nudeln zusammen mit dem aromatischen Parmesan der Gegend einen unnachahmlichen Geschmack der Frische – ein verheißungsvoller kulinarischer Start ins neue Jahr.

An **»Capodanno«** (Neujahr) wurden traditionell *Cappelletti* gegessen, glatt und rund – im Gegensatz zu den *Anolini*, deren Rand mit Zacken versehen ist. Die *Anolini* werden vor allem in den Provinzen Piacenza und Parma gerne gegessen, die *Cappelletti* kommen in Reggio Emilia auf den Tisch. Viele italienische Familien essen bis heute noch an diesem Tag *Zampone*, gefüllten Schweinsfuß mit Linsen – Linsen sollen Geld und Glück bringen.

Bei den Bertozzis kommen die *Cappelletti* schon an Weihnachten auf den Tisch. Für die Füllung werden Semmelbrösel mit einer Hühnersuppe angegossen und anschließend mit Parmesan und Eiern gemischt. Als Secondo wird bei ihnen *Stracchotto* serviert, ein würziger Rinderschmorbraten. Das Rezept für die *Cappelletti* auf Seite 101 stammt von der Mutter von Caterina Cervini, und wird in ihrer Familie schon seit Generationen so weitergegeben.

Don Camillo ist zwar Pfarrer und Halbschwergewichtler, aber leider auch leidenschaftlicher Jäger. Da er kein Jagdrevier hat, sind seine Jagdausflüge meist Wildereien. Zu Neujahr dachte er sich einmal die Aktion »Jedem Armen ein Huhn im Topf!« aus. Eine Sammeltour brachte außer viel Lob und Verständnis der Bauern gerade einmal sechs Hühner. Aber Don Camillo benötigte mindestens dreißig. Nach einem längeren Zwiegespräch mit Jesus kam er auf die famose Idee, dass »ein Fasan ein Huhn, das fliegt« sei. Bewaffnet mit einer kleinen Büchse geht Don Camillo also auf Fasanenjagd. Zweiundzwanzig Fasane schießt er, bis der Wildhüter auftaucht. Don Camillo tritt den geordneten Rückzug an, aber der Wildhüter feuert auf gut Glück eine Schrotladung in den Wald. »Zufällig« steht Peppone mit seinem Lastwagen am Ende des Waldes. Es beginnt eine wilde Flucht zum Doktor von Toricella, der keine Fragen stellt. Der Doktor entschrotet den Hintern von Don Camillo, während Peppone eine Predigt über Recht und Unrecht hält. Dann schenkt er dem armen Priester aus seiner eigenen Jagdbeute die fehlenden Fasane, denn natürlich hat auch Peppone gewildert. Jesus spricht Don Camillo anschließend in Anbetracht des zerschossenen Hinterteils los. Die Armen haben ihr Festmahl.

Der 6. Januar ist in Italien »Epifania«. Gefeiert werden die drei Weisen aus dem Morgenland, die sich in Italien »Tre Magi« (Die drei Magier) nennen. Die italienischen Kinder glauben, dass eine alte und hässliche, schwarz gekleidete Frau, genannt *Befana*, in der Nacht vom 5. auf den 6. Januar gleich einer Hexe auf ihrem Besen durch die Luft reitet und Kindersocken mit Süßigkeiten füllt, gesetzt den Fall, die Kinder waren brav und fleißig. Andernfalls füllt sie Kohle in die Socken. Diesen Tag sehnen die Kinder nicht nur wegen der Geschenke und Süßigkeiten herbei; es gibt auch eines ihrer Lieblingsessen: *Riso Rosso*, Reis mit passierten Tomaten. Durch beständiges Rühren wurden die Tomaten im Herbst oder Spätsommer haltbar gemacht und in Gläser gefüllt, mit Öl bedeckt und luftdicht verschlossen.

Am **17. Januar**, dem Tag des St. Antonius, gibt es *Gnocchi normali* mit Tomatensauce. Diese Tradition existiert seit dem Mittelalter. Am Abend wird ein Feuer entzündet, um den Bart des heiligen Antonius zu verbrennen. Damit soll die Reinigung von Vieh und Land symbolisiert werden.

Der **3. Februar** ist in Italien St. Blasius, dem Schutzheiligen des Halses, gewidmet. An diesem Tag gibt es Kuchen und Süßigkeiten, die in der Kirche gesegnet wurden, um vor Halsweh, Husten und Bronchitis zu schützen. So wäre vielleicht auch Don Camillo schneller genesen und hätte sich nicht von Peppone den Salbeitee ans Bett bringen lassen müssen.

Am **Faschingsdienstag** gibt es alles Mögliche zu essen, besonders viel Süßes. *Chiacchiere* sind ein typisches Karnevalsgebäck. Der ausgezogene Mürbteig wird aus Butter, Eiern, geriebener Zitronen oder Orangenschale und Weißwein zubereitet und goldbraun frittiert. Als Pasta sind die *Tortelli* besonders beliebt, viereckige Teigtaschen mit einer feinen Füllung aus Mascarpone und Kastanien, oder aus Ricotta mit Kräutern. (Eine Variante mit Mangold und Ricotta finden Sie auf Seite 164.)

Guareschis Indianer und das Rizinusöl

In seiner Jugend war Dario Camona ein ungestümer Mensch. Das sind in der Bassa freilich viele, aber Dario übertrieb es gleich in doppelter Hinsicht, nämlich politisch und persönlich. Eins von beiden hätte man ihm ja noch durchgehen lassen können, aber beides auf keinen Fall. So war er einer von denen, die sich ganz zu Anfang lauthals als Schwarzhemden hervortaten und ihrer Meinung mit einem Haufen Prügel Nachdruck verliehen. Stets kam bei Dario aber nach der Abreibung noch eine Flasche Rizinusöl zum Vorschein, aus der zu trinken er seine Opfer zwang. Ein ganz und gar unfeiner Faschistenbrauch zu jener Zeit. Einmal war auch Peppone an der Reihe, und da übertrieb es Camona auch persönlich. Denn er zwang Peppone, das Öl vor den Augen eines Mädchens zu trinken. Dieses Mädchen wurde später Peppones Frau, und auch wenn Peppone noch so wild tobte, konnte sie immer sagen: »Wenn jetzt der Kerl mit dem Rizinusöl da wäre, würdest du nicht so schreien!« Natürlich wurmte das Peppone mächtig.

Mit dem Ende der Faschisten verschwand auch Camona. Aber eines Tages, mitten im Karneval, kehrt er doch in sein Heimatdorf zurück. Er verkleidet sich als Indianer, in der Hoffnung, niemand würde ihn so erkennen.

Don Camillo und Peppone aber erkannten ihn doch. So kommt es in Don Camillos Klause zu einem Showdown nach bester Western-Manier: Peppone will endlich Rache, doch Camona ergreift Don Camillos Jagdgewehr. So muss Peppone gezwungenermaßen noch einmal ein Glas Rizinus leeren. Aber Don Camillo sorgt für ausgleichende Gerechtigkeit, denn das Gewehr ist nicht geladen, und so erzwingen Camillos Fäuste, dass auch die falsche Rothaut von dem

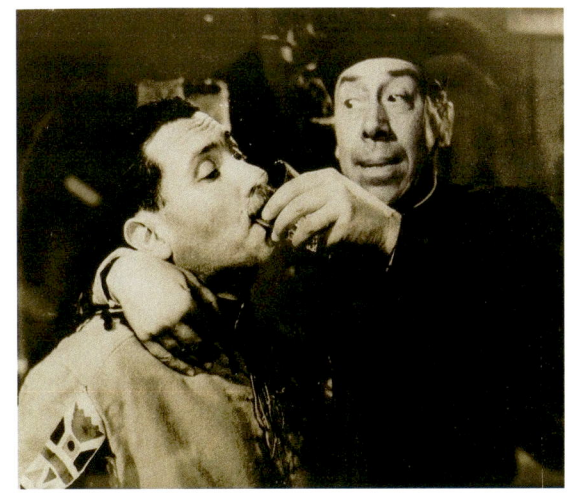

Öl trinkt. Zum Schluss allerdings ist Jesus an der Reihe und fordert Buße für Don Camillos Frechheit, Peppone trinken zu lassen, obwohl er doch wusste, dass das Gewehr gar nicht geladen war. Don Camillo leert also das dritte Glas.

Am **Aschermittwoch** wird nur spärlich gegessen – »mangato di magro« –, Milch, Brot, *Pasta in bianco*, einfache Nudeln mit Butter oder Öl, als *Secondo* ein *Merluzzo salato*, gesalzener Kabeljau.

Bis Ostern wird auch in der Bassa gefastet. **Gründonnerstag** ist ein großer Fasttag auf dem Land – ein Abstinenztag ist ein Tag, an dem kein Fleisch und nichts Süßes auf den Tisch kommt, ein Fasttag hingegen bedeutet, dass es wirklich nichts zu Essen gibt.

Zum **Osterfest** gibt es *Galletto*, die schmackhaften kleinen zarten Hähnchen, die am besten schmecken, wenn sie am Tag vorher geschlachtet werden. Als Pasta *Cappelletti rigati in brodo*, die in einer Ochsenfleischbrühe gekocht werden. Sie werden zusammen mit dem Hähnchen und dem Ochsenfleisch serviert, weil sie, wie die *Anolini*, die Soße gut aufnehmen.

Ostern, das höchste Fest im katholischen Kalender, wird auch im Tiefland feierlich zelebriert. Traditionell geht der Priester mit seinen Messdienern durchs Dorf, segnet Haus und Hof und erhält dafür einige Eier. Kurz nach dem Krieg waren die Eier noch nicht bemalt und auch nicht aus Schokolade. Sie waren roh, bestenfalls hart gekocht. Den größten Teil des Eiersegens verteilte der Pfarrer dann an die Armen der Gemeinde.

Ostern im Haus von Peppone

Ein Osterfest brachte sowohl Peppone als auch Don Camillo kräftig ins Schwitzen. Peppones alte Mutter war gekommen, um noch einmal Ostern mit ihrem Sohn zu verbringen. Sie wusste, dass es vielleicht ihr letztes sein könnte. Von Politik verstand sie nichts. Auch war ihr nicht klar, dass Peppone als Kommunist exkommuniziert worden war. Sie merkte nur, dass Don Camillo, ausgerüstet mit Eierkörbchen und Weihwasserwedel, das Haus ihres Sohnes umging. Da bat sie den Priester höflich, aber bestimmt, einzutreten und alle im Haus zu segnen. Das Gewissenschaos, das sie damit anrichtete, hätte nicht größer sein können. Don Camillo durfte das Haus eines Exkommunizierten nicht betreten – und segnen schon

gar nicht. Peppone legte keinen gesteigerten Wert auf einen Priester im Haus, allein schon wegen der Genossen, die ihn doch so gern als »Pfaffenfresser« sehen wollten. Aber die Großmutter sorgte dafür, dass es zu einer ausgiebigen Segnung kam, und am Ende waren sowohl Peppone als auch Don Camillo in Schweiß gebadet und drohten sich gegenseitig: »Wenn du davon nur ein Sterbenswörtchen sagst …«

———

Jetzt fängt der erste grüne Spargel an zu sprießen, der entlang des Po wild wächst. Der **1. Mai** – und damit auch Guareschis Geburtstag – ist nicht weit. Auf den festlich gedeckten Tisch kommen *Tagliatelle* mit grünem Spargel und Parmesan. Keine weiteren Zutaten kommen dazu, kein Öl, keine Butter, um den feinen, bitteren Geschmack des Spargels zu erhalten.

Für die Bertozzis ruft dieser Geschmack Kindheitserinnerungen wach: Damals war der 1. Mai ein ganz wichtiger und besonderer Feiertag, zu dem ein großes Familienfest stattfand. Schließlich verraten sie uns das Familienrezept für »ihre« Weihnachts-*Cappelletti*.

Im Frühling wachsen entlang des Po viele wilde Kräuter und Gemüse, hier eine Wiese in der Nachmittagssonne von Zibello.

Cappelletti con pane grattugiato e formaggio e uova

CAPPELLETTI MIT SEMMELBRÖSELN, KÄSE UND EIERN, IN BRÜHE GEGART

FÜR 6 PERSONEN

Für die Füllung: Die Brühe erhitzen, bis sie kochend heiß ist. Die Semmelbrösel in eine Schüssel geben und unter Rühren so viel Brühe zugießen, bis sich eine feste Masse bildet. 5 Minuten weichen lassen. Eier und Öl unterrühren. Salz, Muskatnuss und die Hälfte des Parmesans zugeben. Alles gründlich mischen und weiteren Parmesan unterrühren, bis die Füllung fest, aber nicht krümelig ist.

Für die Pasta: Alle Zutaten zu einem glatten, geschmeidigen Teig kneten (bei Bedarf teelöffelweise Wasser zugeben). Mit einem Küchentuch bedecken und 30 Minuten ruhen lassen. Den Teig auf einer bemehlten Arbeitsfläche dünn ausrollen und in etwa 10 cm breite Streifen schneiden. An einer Längsseite der Teigstreifen etwa 1,5 cm vom Rand entfernt und im Abstand von etwa 5 cm mit dem Teelöffel kleine Portionen der Füllung setzen. Die leere zweite Hälfte des Streifens darüber klappen. Mit einer runden Form den zusammengeklappten Teig so ausstechen, dass sich die Füllung ungefähr im Mittelpunkt des Kreise befindet. Alle Schnittkanten zusammendrücken und so einrollen, dass die Form an ein Kapotthütchen erinnert.

Die Cappelletti in Brühe al dente kochen. Abgießen und heiß servieren.

FÜR DIE FÜLLUNG:

HÜHNERBRÜHE
(MENGE NACH BEDARF)

150 G SEMMELBRÖSEL

2 EIER, VERQUIRLT

1 EL OLIVENÖL

2 MESSERSPITZEN
GERIEBENE MUSKATNUSS

1 MESSERSPITZE SALZ

150 G PARMESAN,
FRISCH GERIEBEN

FÜR DIE PASTA:

500 G MEHL

4 EIER

1 PRISE SALZ

MEHL FÜR DIE ARBEITSFLÄCHE

Ein Dorf wird zur Kulisse

FÜR AUSSENAUFNAHMEN BEI DEN FILMEN
BRAUCHTE MAN EIN ECHTES DORF
UND SO WURDE BRESCELLO
»DAS DORF DES DON CAMILLO«

Nun blühte Guareschi richtig auf. Im Film entdeckte er ein neues Medium. Sein Erstlingswerk »*Gente Così*« ist heute verschollen und kaum bekannt. Der Film handelte von einem Priester in einem verarmten oberitalienischen Dorf, in das der Kommunismus in Gestalt einer jungen Lehrerin Einzug hält. Doch trotz aller Verwirrungen, die sie auslöst, bleiben die christlichen Grundwerte erhalten und das Dorf hält zusammen. Nach dieser Fingerübung ging es an die Verfilmung der Geschichten rund um Don Camillo. Die ersten Angebote und Anfragen kamen, zur Überraschung Guareschis, aus Amerika. Frank Capra

(»Arsen und Spitzenhäubchen«) zeigte Interesse. Den großen Priester sollte niemand anders als Spencer Tracy spielen. Doch daraus wurde nichts. Capra konnte sich nicht aus einem Vertrag mit seinem Studio, Paramount, lösen, und so knüpften Guareschi und Rizzoli Verbindungen zum italienischen Gegenstück Hollywoods, der *Cinecittà* in Rom. Das war aber gar nicht so einfach. In jenen Tagen war die Schauspielergewerkschaft sehr kommunistenfreundlich, von der Gewerkschaft der Beleuchter und Kabelträger ganz zu schweigen. Und die Regisseure? Einige bekannte Regisseure des italienischen Nachkriegskinos sollen

Seite 106: Setfoto zur Szene von Seite 120.

Vor 50 Jahren: Der Pfarrer auf dem Rennrad –
Don Camillo wird wütend und verprügelt
die kommunistische Horde …
Brescello heute: Geblieben ist das Straßenbild,
der Kommunismus ist vergessen.

nur müde gelächelt haben. Als man dann gar an Vittorio de Sica herantrat, kam es noch nicht einmal mehr zu einem Lächeln. Der durch »Fahrraddiebe« bekannt gewordene Regisseur hielt den Kommunismus für viel zu ernst, als dass man ihn durch eine Komödie lächerlich machen durfte. Und er war wohl auch nicht von Guareschis Bestreben erfreut, den Film positiv und herzlich zu gestalten. Wie viele andere Intellektuelle sah auch de Sica im Italien der frühen 1950er Jahre nichts Herzliches und fühlte wohl Ähnliches wie ein Rezensent, der befand, Guareschi habe die Kommunisten zu »vertrottelten Parteibuchhaltern« degradiert.

Es war, nach einigem Suchen, der Franzose Julien Duvivier, den man verpflichten konnte. Duvivier war »politisch unbelastet«, wobei dies mit Blick auf die gereizten Gemüter des Kalten Krieges zu sehen ist. Für heutige Verhältnisse wäre der Begriff unangebracht, aber damals fühlte man sich durchaus schnell einmal provoziert.

Das Filmdorf Brescello

In den Geschichten aus der Bassa, dem Tiefland zwischen Po und Apennin, hat das Dorf des Don Camillo keinen Namen. Für die Filme aber, jedenfalls für die Außenaufnahmen, brauchte man ein echtes Dorf. Giovannino Guareschi bevorzugte Fontanelle di Roccabianca, weil dort der Sozialist Faraboli gewirkt hatte, der das Vorbild für Peppone abgab. Guareschi hatte dort auch seine Kindheit verbracht und viele Geschichten mit den örtlichen Begebenheiten von Fontanelle im Sinn verfasst. Regisseur Julien Duvivier gefiel der Vorschlag Guareschis nicht besonders. Schließlich einigten sie sich auf Brescello, das einen viel größeren Marktplatz als Fontanelle hatte. Dort konnte man mit einer einzigen Kamerafahrt Kirche und Rathaus zeigen. Der Pragmatiker Duvivier setzte sich also durch, und aus Brescello wurde »das Dorf des Don Camillo«.

Brescello vor
50 Jahren und heute

...

Der zentrale Platz

Guareschi zeigte Duvuvier zuerst mögliche Drehorte in der »Bassa parmense«, wo auch die Ideen seiner Geschichten entstanden. Erst etwa 60 Kilometer weiter östlich, in der »Bassa reggiana«, fand der Regisseur »sein« Filmdorf und einen Marktplatz, der groß genug war für eine Totale vom Rathaus bis zur Kirche.

Die Piazza Matteotti, der Kirchplatz mit der Pfarrkirche Santa Maria Nascente, ist in der Tat äußerlich unverändert. Auch die Turmuhr funktioniert tadellos. In Wirklichkeit wurde die Uhr natürlich nicht mit Spendenmitteln der KPI finanziert. Und am Volkshaus gibt es keine Konkurrenzuhr. Es gibt nämlich in Brescello gar kein kommunistisches »Volkshaus«. Alberto Guareschi erzählt, für den ersten Film sei am Eingang der Kirche ein kleiner Baldachin als Kulisse aus Holz gebaut

worden. Die Bürger von Brescello hätten dies so gut gefunden, dass sie diesen Anbau an ihrer Kirche hätten behalten wollen. Mit Mitteln der Rizzoli-Francinex Filmgesellschaft sei der Anbau dann aus Stein vorgenommen worden. Wir haben – natürlich mit Erlaubnis des echten Pfarrers von Brescello – auch das Original-Kruzifix besichtigen und fotografieren dürfen (zu sehen auf Seite 111). Es ist in einer kleinen Seitenkapelle der Kirche untergebracht.

*Der Bürgermeister grüßt respektvoll den Pfarrer –
zum 50-jährigen Filmjubiläum wurden die zwei
Helden als Bronzestatuen auf dem Platz verewigt.
Das Original-Kruzifix der Filme ist heute noch
in der Kirche zu sehen.*

Der Mailänder Künstler Bruno Avesani schuf
es extra für den Film. Ursprünglich hatte es
drei Köpfe: einen »neutralen«, einen »zornigen«
und einen »fröhlichen«. Je nach Stimmung
sollten die Köpfe in einer Szene ausgetauscht
werden. Im ersten Film wurde dies zwar verwirklicht, die Szenen wurden jedoch wieder
herausgeschnitten. Man fürchtete die Kirchen-
zensur, die sowieso nicht über den Gedanken

eines sprechenden Jesus erfreut war. Trotz allem
überlebten zwei nur wenige Sekunden dau-
ernde Szenen mit dem lächelnden Jesus im
ersten Film den Schnitt.

Zum 50-jährigen Jubiläum des ersten Films
am 2. Juni 2001 wurden die beiden Filmhelden
– Fernandel und Gino Cervi – als Statuen auf
dem Platz vor ihren jeweiligen Arbeitsstätten
verewigt. Don Camillo steht vor seiner Kirche
und grüßt hinüber zu Peppone, der vor dem
Rathaus steht. Der Künstler Andrea Zangani
hat seinen bronzenen Figuren ein paar char-
mante Attribute hinzugefügt: Don Camillo

hält sein Gebetbuch in der Hand, Peppone steckt die *Unitá* in der Jackentasche. Mit einem Augenzwinkern erinnern wir uns an die wundervolle Szene im dritten Film, bei der Don Camillo von Peppone eine Zeitung kauft – mit Falschgeld! Im Museum von Brescello existiert davon nicht nur ein Filmfoto, sondern auch ein Foto vom Set, auf dem der Fotograf die Szene von der gegenüberliegenden Seite abgelichtet hat. Neben Fernandel, Cervi und dem kleinen Stefano sieht man den Tonmeister, der gerade das Mikrofon einrichtet. (siehe Seite 104)

Der Kirchenmann bezahlt die »Unitá« – und lehnt dankend das Wechselgeld ab … Don Camillo und Peppone geben – und nehmen – sich nichts.
Damals wie heute dreht sich in Brescello alles um die beiden, natürlich hat auch jeder »seine« Bar am Platz.

Wir begeben uns zum »Haus des Don Camillo«. Hier wird man damit konfrontiert, dass der Film uns eine Wirklichkeit vorgaukelt. Den Hühnerstall (von Seite 90), den Garten, ja selbst die Säulengänge gibt es nicht. Nur die Vorderfront eines echten Gebäudes wurde genutzt, der Rest war Kulisse und ist nach Ende der Dreharbeiten abgerissen worden.

In Brescello wurden nur die Außenaufnahmen dieser Szenen gefilmt. Der Garten des Pfarrers, in dem er friedlich träumt, bis ihn Smilzo unsanft weckt, existierte so nur im Studio in Rom.

Das Museum

Wir machen uns auf den Weg zum Museum von Brescello. Signore Bondavalli, der Präsident des Proloco Brescello, erläutert uns einige Exponate. Im Jahr 1989 wurde das Museum in Brescello aus der Taufe gehoben. Auch Cesare Bertozzi vom Museum in Diolo war dabei, als der Panzer und die Lokomotive vor dem Museum aufgestellt wurden. Übrigens heißt das

Die Motoguzzi von Peppone aus dem dritten Film »Die große Schlacht des Don Camillo« steht am Eingang des Museums in Brescello.
Auf dem Platz davor steht ein eindrucksvoller, liebevoll restaurierter, aber nicht ganz authentischer Panzer.

Museum manchmal »Don Camillo und Peppone« und manchmal »Peppone und Don Camillo«, je nachdem, auf welcher Seite Sie stehen. Zur Gründungszeit des Museums war der Bürgermeister kommunistisch, also steht »Peppone« auf der Marmortafel des Museums vorn. Eine wahre Geschichte, an der Guareschi mit Sicherheit seine helle Freude gehabt hätte.

Empfangen werden wir von Peppones feu-
errotem Motorrad mit Beiwagen. Es stammt
aus »Die große Schlacht des Don Camillo«,
dem dritten Film, aus dem Jahre 1955. Auch
die alte Motoguzzi, die Giovannino Guareschi
für seine Fahrten durch die Bassa nutzte, ist
ausgestellt. Sie stand vor der Gründung des
Museums in Brescello im »*Club dei 23*« in
Roncole-Verdi. Eine Treppe führt hinauf in
den ersten Stock, ins eigentliche Museum, wo
man auf viele mehr oder weniger authentische
Requisiten trifft. Zum Beispiel Don Camillos
Schrotflinte und natürlich das automatische
Gegenstück von Peppone, eine alte Maschinen-
pistole der Marke »Beretta 38«. Auch die gehörte in die wilde Zeit des Italien der frühen
Nachkriegsjahre. Staunend steht man vor dem
»originalen« Fahrrad des Don Camillo, dem
legendären Rennrad (zu sehen auf Seite 106),
das die Kommunisten aus der Stadt so zum

Lachen brachte – was ja bekanntlich mit einer
Schlägerei endete (siehe Filmfoto auf Seite 9).

Auch die zwei Fahrräder aus der bravou-
rösen Schlussszene des dritten Films lehnen an
der Wand unter dem zugehörigen Filmfoto
der kleinen Radrennfahrt: Der eine fährt rechts,
der andere links, aber beide fahren sie auf der-
selben Straße. Der Kritiker des katholischen
Filmdienstes ließ damals kein gutes Haar an
dieser Sicht der Dinge: »*Da wird die Realität
des Christentums ebenso verschwommen wie*

Wänden. Für die Wissensdurstigen unter den Fans gibt es Ordner mit zahllosen Zeitungsausschnitten und Artikeln aus aller Welt – ausgelegt zum Studieren. Auch die Entstehung der beiden Skulpturen auf dem Kirchplatz ist lückenlos dokumentiert. Souvenirjäger kommen auch nicht zu kurz: Vom Peppone aus Terrakotta bis zum Don-Camillo-Lambrusco, von der Postkarte bis zu Filmvideos in unzähligen Sprachen gibt es alles, mehr oder weniger geschmackvoll – aber darüber sollte man bekanntlich besser nicht streiten, auch und gerade nicht in der Bassa.

Viele authentische Filmdokumente, Requisiten, Filmfotos und Plakate sind im Museum zu bewundern. Zum Beispiel diese zwei Fahrräder aus der unvergessenen Schlussszene des dritten Films. Eine Original-Filmkamera vervollständigt das »Film-Museum«.

Im Museumsshop gibt es Spezialitäten aus Brescello für Leib und Magen wie Lambrusco, Grappa, Spongata und andere Süßigkeiten mit dem Konterfei unserer Helden.

die Realität des Kommunismus.« Im Übrigen finden wir auch heute noch ganz ähnliche Rad-Modelle auf den Straßen von Brescello. Selbst eine ziemlich ramponierte 35-mm-ARRIFLEX-Kamera steht etwas verlassen auf einem Stativ in der Ecke, neben dem Original-Küchenkasten mit der Flasche Rizinusöl, deren Geheimnis auf Seite 94 zu finden ist. An den Stellwänden kommen die Don-Camillo-Fans dann voll auf ihre Kosten. Hunderte von authentischen Filmfotos, Plakaten und privaten Aufnahmen hängen sorgfältig gerahmt an den

Die Komparsen

Die Wirklichkeit der Bassa war nicht ganz so herzlich, wie die Filme sie erscheinen lassen. Die Bücher sind hier ehrlicher. Der damalige kommunistische Bürgermeister hatte ideologische Bedenken und legte den Einwohnern von Brescello nahe, nicht an den Dreharbeiten mitzuwirken. Überall in den Dörfern war es aber den Menschen – zu den damaligen schlechten Zeiten nach dem Krieg – wichtiger, einen kleinen »Geldspatz« in Händen zu halten, als die »Rote Taube auf dem Dach« ehrfürchtig zu betrachten. So kamen die Filme für Brescello und seine Bewohner wie gerufen.

»Jubel-Kommunisten« – Statisten aus Brescello auf dem Weg zum nächsten Dreh. Im Hintergrund die »Central Bar«, heute »Caffè Peppone« und »Bar Centrale« (siehe Seite 116/117). Auch viele Kinder aus Brescello – inzwischen gestandene Frauen und Männer – durften in den Filmen mitspielen.

Kurz nach dem Zweiten Weltkrieg gab es wenig Arbeit und noch weniger zu essen. Beides änderte sich schlagartig, als die Filmcrew aus Rom einmarschierte und täglich Hunderte von Komparsen brauchte, die nicht nur bezahlt, sondern auch ordentlich verköstigt wurden. Fast alle Einwohner Brescellos waren irgendwie an den Dreharbeiten beteiligt. Der Bauch siegte über die Ideologie …

GAZZETTA DI REGGIO

Provincia

Brescello
Era la sede locale della Rizzoli per le riprese di don Camillo

BRESCELLO - Come avviene per quasi tutti gli altri ritrovamenti del passato, è stata la casualità a far emergere il ricordo di uno degli elementi più interessanti dell'epopea dei film di Peppone e Don Camillo.

Risale a sabato scorso 1 agosto, infatti, la scoperta dell'ufficio della direzione delle riprese cinematografiche, la sede della produzione Amato-Rizzoli che finanziò la realizzazione della fortunata serie ispirata ai racconti di Giovannino Guareschi. Si tratta del locale con saracinesca sotto i portici in via Panizzi 5, nel pieno centro del paese, attualmente utilizzato come garage dal proprietario, il pittore Marco Cagnolati. «Avevo deciso di togliere il vecchio intonaco per procedere alla nuova tinteggiatura del muro - spiega l'artista - quando mi sono accorto che ad ogni colpo di cazzuola si evidenziava sempre più un altro fondale, ancora integro, di colore azzurro. Ho usato maggiore cautela munendomi di un pennello e di acqua per togliere le successive mani di pittura e gradualmente sono apparse delle scritte con caratteri che ricordano quelli in voga nel ventennio».

Con grande sorpresa la pulitura ha fatto emergere le parole "Amato-Rizzoli Produzione - Roma", di colore nero sul fondo azzurro. «E' passato un vecchietto del paese che mi ha rivelato - continua Cagnolati - che quello era l'ufficio dove ogni sera si riunivano il regista Duvivier, i tecnici di scena e gli amministratori della produzione che reclutavano le comparse. Le attività iniziarono con il primo film, nel 1951, e si racconta di come si formassero file di gente comune, bambini, adulti e anziani anche di paesi limitrofi a caccia

Sopra il manifesto di uno dei film più famosi su don Camillo e Peppone. A fianco Marco Cagnolati mentre scopre l'insegna dello studio cinematografico, sul muro di casa sua a Brescello

Scoperti i locali di produzione dei film
Sotto l'intonaco appare Peppone

In quel vecchio garage c'era il bar della Grisa

BRESCELLO - La storia di quel *garage* è particolarmente gustosa e avrebbe certamente attizzato la curiosità di una penna come quella di Guareschi. Prima di diventare sede della produzione dei film, quel locale aveva ospitato il "Caffè Italia", molto meglio conosciuto come il "Bar della Grisa", una bella donna che si era stabilita a Brescello nell'immediato dopoguerra insieme ad una sorella e ad una inserviente-cameriera, che sembra avesse portato tanto sollievo ai giovanotti del luogo nelle lunghe e noiose giornate da disoccupati.

Oggigiorno nessuno ne ricorda il nome e nemmeno la provenienza: una donna misteriosa, dunque, che lasciò il paese in punta di piedi così come era arrivata. La "Grisa" fece girare la testa a più di un signorotto locale, compresi possidenti terrieri di un certo livel-

lo, ma non cedette mai alle sirene del matrimonio preferendo rimanere, come oggi si direbbe, *single*. «Quello era il più bel caffè del paese - ricorda Alberto Covi che allora era poco più che un ragazzino - in perfetto stile Liberty. Mi pare ancora di vedere il lungo bancone messo longitudinalmente a Brescello e questa bella signora sui 50 anni che serviva gli avventori con grande stile. Mentre in tutti gli altri locali i padroni cacciavano fuori a calci nel sedere i ragazzini, la Grisa era parecchio ospitale e ci permetteva di salire al piano superiore dove si poteva addirittura giocare al biliardo».

Rimase pochi anni, ma lasciò il segno: oggi la Grisa potrebbe essere sepolta in chissà quale luogo o, perché no, vive ancora nella discrezione con grande stile, la sua presenza nelle terre che la rimpiangono. *(a.s.)*

di una scrittura». Quelli erano tempi difficili e la paga di una comparsa poteva valere 3 giornate di lavoro per un bracciante, al di là dell'emozione che poteva trasmettere lavorare con i "cinèr". «Questa insegna deve averne coperta un'altra immediatamente precedente e recante solamente il nome del primo produttore, il cav. Amato: le lettere sono ben visibili e sarà mia particolare cura cercare di restaurarle al meglio - conclude il pittore - dato che fui uno dei promotori del museo intitolato ai personaggi guareschiani».

Andrea Setti

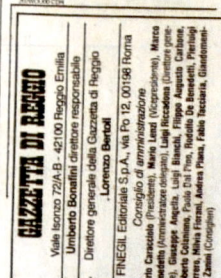

GAZZETTA DI REGGIO

Viale Isonzo 72/A-B - 42100 Reggio Emilia

Consiglio di amministrazione
Umberto Bonafini direttore responsabile

Direttore generale della Gazzetta di Reggio
Lorenzo Bertoli

FINEGIL Editoriale S.p.A., via Po 12, 00198 Roma

Carlo Caracciolo (Presidente), Mario Lenzi (Vicepresidente), Marco Benedetto (Amministratore delegato), Luigi Riccoboni (Direttore generale), Giuseppe Angelis, Luigi Bianchi, Filippo Augusto Cariani, Roberto Colalonno, Paolo Dal Pino, Rodolfo De Benedetti, Pierluigi Ferraris, Mirio Fiorani, Andrea Piano, Fabio Tacciaria, Giordano Zamini (Consiglieri)

La tiratura del 6/8/1998 è stata di 21.843 copie

Certificato n. 3.425 del 10/12/1997

Die Verpflegung

Zu Beginn jedes Drehtages erhielten alle Komparsen im Produktionsbüro eine Marke, mit der sie sich ihr Mittagessen und am Abend ihren Verdienst abholen konnten. Spuren der Dreharbeiten in Brescello kann man bis heute aufspüren. Am Ende des Platzes neben dem heutigen »Caffè Peppone« finden wir unter den Arkaden die erst kürzlich entdeckte und freigelegte Aufschrift zum Produktionsbüro der Rizzoli-Francinex Filmgesellschaft aus Rom. In jener Zeit, in der es wenig zu essen gab, war die Verköstigung neben der Gage etwas be-

Wiederentdeckt: Die Inschrift des Produktionsbüros
unter den Arkaden an der Piazza Matteotti,
1998 gefunden und restauriert.
Der legendäre Cadillac »Eldorado« von Fernandel,
in dem er auch zu speisen pflegte.

sonders Wertvolles. Alle Filmleute, Hauptdarsteller wie Komparsen, erhielten ein Körbchen mit Brot, Käse, Salami und etwas Obst. Gino Cervi, ein gebürtiger *Emiliano* aus Bologna, saß oft mit den Leuten des Dorfes zum Essen zusammen. Fernandel wies da eher Zeichen von Starallüren auf und bevorzugte zum Mittagessen den Fond seines Cadillacs.

Die »Casa Bersellini« versorgte – damals wie heute – Durstige mit dem typischen prickelnden Lambrusco und anderen Weinsorten aus ihrer Kellerei.

Auch für flüssige Nahrung war ausreichend gesorgt. Die »Casa Bersellini« versorgte Filmcrew und durstige Statisten während des Drehs mit Wein. Dieses Weingut wurde 1918 von Ernesto Bersellini gegründet und liegt – heute wie damals – am Ortsausgang von Brescello. Die Weinsorten tragen inzwischen die Namen unserer beiden Protagonisten und werden heute überall im und um den Ort verkauft. Es gibt den **»Lambrusco Don Camillo«**, einen klassischen trockenen *Lambrusco rubino reggiano* mit einer unvergleichlichen rubinroten Farbe. Der halbtrockene **»Lambrusco Peppone«** kommt von den Hügeln und wird aus der Traubensorte *Graspa*

rossa gewonnen. Und was passiert – beim Wein natürlich –, wenn man Rot und Weiß mischt? Der **»Lambrusco Peppone e Don Camillo«** ist ein halbtrockener Rosé aus den Rebsorten *Salamino* und *Sorbara*. Außerdem führen die Bersellinis einen *Lambrusco »Luna Vecchia«*, der aus sehr dunklen Trauben gekeltert wird und im Glas mit einem tiefen Rot brilliert. Er ist weich und leicht, wird immer frisch serviert und ist ideal zu Vorspeisen, Fleischgerichten und Braten sowie zu Salami und Käse.

Ihr *Pinot Grigio* passt gut zu leichten Suppen, frischem Käse und allen Fischgerichten.

Auf dem Weingut bieten sie einen *Malvasia secco* an, der ideal für Salami und Fischvorspeisen geeignet ist. Der süßliche *Malvasia dolce* ist ebenfalls hervorragend als Aperitif geeignet und passt auch gut zu Nachspeisen. Der **»Grappa di Peppone«** wird nur aus Trauben der Lambrusco-Herstellung gebrannt. Er schmeckt herrlich weich und zart und ist – anders als sein Namenspatron – gar nicht raubauzig. **»Il Bargnolino di Peppone e Don Camillo«** – ein 36-prozentiger Likör von den Hügeln des Apennin – wird nach einem alten emilianischen Rezept mit Dornstrauchbeeren hergestellt. Früchte des Dornbusches werden mit Alkohol und Zucker angesetzt. Er hat seinen ganz eigenen Geschmack, der entdeckt werden will. Eine weitere Spezialität aus der Weinkellerei Bersellini ist der **»Nocino di Don Camillo«**, nach einem Rezept der Großmütter. Angesetzt mit Alkohol, Zucker und unreifen Nüssen, die traditionell in der Nacht von San Giovanni gesammelt wurden, passt er hervorragend zu Eis.

Geschichten vom Set

Eine gute Verpflegung war nötig, um alle bei Laune zu halten. Bei der in der Bassa herrschenden Hitze waren die Dreharbeiten oft eine sehr anstrengende und schweißtreibende Angelegenheit. Außerdem hatten Hauptdarsteller und der Regisseur des Öfteren unter-

Nach anstrengenden Dreharbeiten gönnt sich Guareschi eine Ruhepause im Caffè Don Camillo. Ein Foto aus dem Familienfundus von Domenico, das wir im La Bottega gefunden haben.

schiedliche Vorstellungen, wie eine Szene auszusehen hätte. Es war nicht selten, dass eine Szene dreißig Mal gedreht wurde, bis alle endlich zufrieden waren. Selbst die Komparsen mauserten sich langsam zu Hilfsregisseuren, was dem sensiblen Duvivier ganz gewaltig auf die Nerven ging. Einem, der sich absolut nicht abwimmeln lassen wollte – er hatte den Spitznamen Jaguar und war früher bei den Partisanen –, wies er kurzerhand eine Rolle zu, die ihn im wahrsten Sinne des Wortes außer Gefecht setzte. Er hatte die Rolle eines Spähers zu übernehmen, der, auf einem Baum sitzend, Ausschau nach Partisanen hielt. Für eine später 30 Sekunden lange Filmszene ließ Duvivier den »Jaguar« tagelang auf seinem Baum ausharren und hatte somit seine Ruhe vor ihm.

Hitzige Auseinandersetzungen

Die leichtfertige Verwendung von roter Farbe konnte zu ernsten Komplikationen führen. Guareschi selbst machte sich in seinen Geschichten darüber lustig, als er einen Bauern einen Gastank mit roter Rostschutzfarbe anmalen ließ und die Kommunisten das prompt als Provokation ansahen. »Ist doch nur was gegen Rost!«, sagt der Mann völlig erstaunt, als

die Hiebe schon in der Luft liegen. Hiebe wird es wohl auch unter den hitzigen Statisten in der Bassa gegeben haben. In den Studios in Paris und Rom konnte man die Darsteller wenigstens zu einem Waffenstillstand überreden: »Es wird gebeten, während der Arbeit nicht über Politik zu sprechen!« stand auf Schildern, die in den Garderoben und Studios angebracht waren. Als es aber zu einem handfesten Streik mit Demonstrationen in Brescello kam, jenem Örtchen, das sich heute stolz »das Dorf des Don Camillo« nennt, musste Guareschi persönlich die Wogen glätten. Er las aus seinen Werken vor, sprach mit den versammelten Männern und ging dann zum Gegenangriff über. »Ist der Peppone denn keine sympathische Figur?«, fragte er immer wieder entwaffnend. Das überzeugte.

Das Fußball-Duell

Im Film kommt es zu einer hitzigen Auseinandersetzung, als der neue Fußballplatz am Dorfrand eingeweiht werden sollte. Der Schiedsrichter bläut Feldspielern wie Publikum zu Beginn des Matches noch ein: »Das hier ist kein Wahlkampf!« Doch im Laufe des Spieles entwickeln sich immer handgreiflichere Szenen. Der Schlusspfiff ertönt, und Don Camillos »Eintracht« hat gegen Peppones »Dynamo« verloren. Der Schiedsrichter muss Hals über Kopf vom Fußballplatz in Don Camillos Kirchenasyl flüchten. Da hatte er sich aber kräftig verrechnet und kommt vom Regen in die Traufe, denn in der Kirche wird er von Don Camillo aufs heftigste beschimpft, weil der ihn doch extra mit 1000 Lire bestochen hatte. Kleinlaut gesteht der Schiedsrichter, dass Peppone ihm 2500 Lire gegeben habe, als er auch schon vom zornigen Pfarrer aus dem Gotteshaus geworfen wird.

Seite 132/133: Don Camillo als Partisan.

Der Fußballplatz liegt heute verlassen am Ortsrand von Brescello. Die Tribünen fürs Publikum sind verschwunden – sie waren nur Kulissen während der Dreharbeiten vor 50 Jahren.
1952 wurde Filmgeschichte geschrieben: Rechts das italienische Filmplakat des Kassenschlagers »Don Camillo und Peppone«.

»Manascas Garten«

Der alte Schlaumeier Manasca besaß ein Stückchen Land am Rande des Dorfes. Man nannte es beschönigend »Manascas Garten«, obwohl es sich in Wirklichkeit bloß um einen Haufen Steine mit Wildwuchs handelte. Als Manasca starb, kaufte die KP das Grundstück mit großem Tamtam und rief die erste Kolchose im kleinen Dorf aus. Breit grinsend gin-

gen die Gegner der Kommunisten von da an an dem Grundstück vorbei. Es hieß fortan nicht mehr »Manascas Garten«, sondern »Kolchose Schotterhaufen«, und außer einem großspurigen Schild mit Hammer und Sichel, das Frieden und Fortschritt pries, tat sich nichts. Dann jedoch landeten die Roten ihren großen Coup. Auf dem Gelände der Kolchose sollte ein soziales Bauwerk entstehen, mit modernen Wohnungen für die Armen. Schon fingen die Traktoren mit der Planierung des Bauplatzes an, als man unverhofft auf ein Hindernis stieß. Die »Madonnina von Borghetto« war einer jener kleinen Madonnenaltäre, denen man überall in Italien begegnet. Beinahe in Vergessenheit geraten, erhob sich ein Proteststurm, als ausgerechnet diese »gottlosen Roten« sie abreißen wollten. Die kleine Madonna wurde zu einem Politikum, an dem die »Kolchose Schotterhaufen« zu scheitern drohte, sozialer Wohnungsbau hin oder her. Doch die salomonische Lösung kam von Peppone. Er baute das neue große Haus um den Altar herum und bewahrte so den Dorffrieden und die Madonna.

Die Madonnina von Borghetto heute und damals.
In Wirklichkeit ist sie nicht so standhaft wie im Film.
Vor einigen Jahren von einem Lastwagen zerstört, steht sie
heute wieder, liebevoll restauriert, am gleichen Platz.

Seite 138/139: Die sengende Sonne der Bassa macht allen
Filmern zu schaffen; da sind Sonnenschirme gefragt.

Im Buch ist dies eine eher kleine Anekdote, aber im Film nimmt sie recht breiten Raum ein, inklusive eines kleinen »Wunders«: Als nämlich so ein »Stadtfrack«, wie Guareschi die Zugereisten aus der Stadt nennt, ein Stahlseil um die Madonna legt, um sie mit einem Lastwagen umzureißen, bleibt die Madonna unversehrt, während das Stahlseil reißt.

——————

Auf der anderen Seite des Dorfes befindet sich in südöstlicher Richtung der Bahnhof von Brescello. Er ist einen kleinen Abstecher wert,

denn hier waren vor 50 Jahren Scheinwerfer und Kameras aufgebaut, und es war ein Betrieb wie in einem Ameisenhaufen.

Heute einsam und verlassen, erinnert nichts mehr an das hektische Treiben der Filmleute. Dabei ist der Brescello-Bahnhof noch einer der gepflegteren; falls man das Vergnügen hat, mit der Kleinbahn aus Parma durch die Bassa zu fahren, findet man auch deutlich verfallene Exemplare. Personal wie Bahnhofsvorsteher gibt es längst nicht mehr, und nach Einbruch der Dunkelheit huschen hier nur noch Liebespaare und Mäuse umher. Als wir die Fotos

Während der Dreharbeiten wurden neben den eigentlichen Bahngleisen die Schienen für den Kamerawagen verlegt, damit der Kameramann den anfahrenden Zug gut mitverfolgen kann.

von damals und heute vergleichen, sehen wir, dass sich außer einem frischen Anstrich so gut wie nichts geändert hat.

Alle Szenen eines Films mussten genau vorbereitet und ausgeleuchtet werden, bis sich der Regisseur zufrieden gab. In der Zeit der Don-Camillo-Filme wurden für das Filmlicht noch Lichtbogenspots mit Kohle verwendet: Ihr Vorteil – hell wie der lichte Tag. Ihr Nachteil – es dauerte eine ganze Weile, bis sie ihre volle Leuchtkraft und die richtige Farbtemperatur entwickelten. Und so wurde am Set viel Zeit mit Warten und Wiederholen verbracht.

Schön ist das auf einem Setfoto zu sehen, das zeigt, wie sich Peppone von Don Camillo am Zug verabschiedet. Mit dem Rücken zum Fotografen stehen einige der Beteiligten, die außer den Hauptdarstellern am Dreh mitwirkten, ohne dass sie jemals im fertigen Film zu sehen sind. Bevor Fernandel die Szene endgültig spielt, wird sie mit einem so genannten

»Stand In« vorbereitet. Ein Double stellt sich vor Beginn der Aufnahme in die Szene und lässt sich geduldig ausmessen und ausleuchten, während der Regisseur mit dem Team Kamerafahrt und Belichtung probt. In der Hitze der Bassa unter den sengenden Scheinwerfern sicherlich eine sehr kräftezehrende Tätigkeit. Die Stille des Bahnhofs heute trügt; lautstarke Szenen – sogar mit Musikkapelle – sind hier gedreht worden.

Die Verbannung

Don Camillo ist in Ungnade gefallen und muss in die Verbannung. Schweren Herzens verlässt er »sein« Gotteshaus in Brescello und besteigt einsam und allein den Zug in Richtung Berge. Einsam vor allem deshalb, weil Peppone gedroht hat, jedem, der den Priester verabschiedet, die Beine zu brechen. An der nächsten Station warten dann aber die Kirchentreuen seiner Gemeinde, die ihren Pfarrer natürlich nicht hungrig ins Exil lassen wollen. Sie verpflegen Don Camillo mit einem Schinken, Würsten, Brot und Käse sowie einigen Flaschen Wein. Die Tauben im Käfig entlässt Don Camillo durch das Zugfenster in die Freiheit und wird beim nächsten Halt ein zweites Mal verabschiedet: In Boretto stehen die

wankend, bergauf. Man kann gut die fünf Schuhnummern zu großen Schuhe erkennen, die ihm zu diesem eindrucksvollen Gang verholfen haben.

In der Verbannung aber gibt es nicht viel zu essen. Nicht verfilmt, weil wahrscheinlich etwas zu heikel, ist das Wunder der Brotvermehrung von Montenara. Als Don Camillo die Frau, die ihn verpflegt, fragt, wo denn das alte Brot immer herkomme, zeigt diese nur achselzuckend zum Himmel. Wenigstens konnte Don Camillo zusätzlich von der nahrhaften *Spongata* zehren, die ihn an Peppone erinnerte.

Kommunisten. Diese schenken ihm zwar nur Marschmusik und gute Wünsche, doch eine *Spongata* von Peppone glättet alle Wogen. Nur wenig von seinem Proviant kann der Priester auch wirklich essen, denn auf dem Rücksitz des wahnwitzigen Motorradfahrers, der die Passstraßen nach Montenara hinauf »fliegt«, verliert er das meiste. In der anschließenden Szene stapft Don Camillo, schwer bepackt und

Setfoto und Filmfotos aus »Il Ritorno di Don Camillo«, dem zweiten Film. Regisseur Duvivier erklärte nach dem ersten, er drehe aus Prinzip keine Fortsetzungen. Er ließ sich dann aber doch breitschlagen unter der Bedingung, dass Don Camillo und Peppone zum Ende sterben müssten. Manager Rizzoli dachte aber nicht an den Leinwandtod der zwei Helden, solange sie gute Geschäfte versprachen.

Was es mit dieser *Spongata* auf sich hat, wollen wir ein wenig genauer erkunden. Eigentlich ist sie eine Süßigkeit für die Weihnachtszeit, sie wird aber aufgrund der langen Haltbarkeit das ganze Jahr über von den *Emiliani* genossen. Beste Zutaten wie Pinienkerne, Honig, Nüsse und Mandeln erinnern an die gute alte Zeit. Im Jahr 1951, während einer Drehpause, kosten Giovanni Guareschi, Fernandel und Gino Cervi die *Spongata*, Amaretti und andere Spezialitäten von Luigi Benelli. Als Dankeschön bauen sie dann die Süßigkeit in den Film ein.

Sie erlangte aber schon viele Jahrhunderte vorher Berühmtheit und hat eine tausendjährige Geschichte, man sagt sogar, dass die *Spongata* die älteste italienische Süßigkeit ist: Sie existierte mit Sicherheit bereits in der Römerzeit. Im Roman »Satiricon« von Tito Petronio Arbitro, einem Freund von Nero, wird ein Kuchen mit den gleichen Zutaten der *Spongata* erwähnt. Von Rom aus gelangte dieser Kuchen bis nach Brescello, als diese Stadt, wie der Historiker Plinius bestätigt, eine römische Kolonie wurde. Das erste Schriftstück, in dem die an Francesco Sforza, Herr von Mailand, geschickte *Spongata* »De Berselo« erwähnt wird, geht auf das Jahr 1454 zurück. Aus den Registern der Gutsherren Estensi geht hervor, dass die *Spongate* aus Brescello zu den Herzogen Este aus Ferrara geschickt wurden.

Süsse Spezialitäten aus der Gegend von Don Camillo – die Spongata und »Le Zuffe« von Luigi Benelli.

Dass im Jahre 1830 das uralte Originalrezept der echten *Spongata* wieder gefunden wurde, muss man Don Palazzi verdanken, der das Rezept 1845 einem gewissen Panizzi übergab, der es wiederum im Jahr 1875 an Luigi Benelli verkaufte. So entstand die »Ausgezeichnete und Renommierte Fabrik Spongata Luigi Benelli«. Im Jahr 1896 wird Luigi Benelli offiziell zum *Spongata*-Lieferanten des Königshauses und des Herzogs von Aosta ernannt.

Die »*Spongata di Luigi Benelli*« ist in der heutigen Zeit auf sehr vielen – vor allem ausländischen – Ausstellungen zu sehen und hat vierzig Goldmedaillen, zehn Grand Prix und zwölf Ehrenkreuze gewonnen.

Eine weitere Spezialität aus dem Hause Benelli sind »*Le Zuffe*« (zu deutsch: Zoff, Ärger) – ein Gebäck aus Mandeln und Haselnüssen. Sie sollen an die häufigen Streitereien unserer zwei berühmten Kontrahenten erinnern. Beide Spezialitäten werden rund um Brescello überall angeboten.

Der geschichtliche Hintergrund von Brescello beschränkt sich allerdings nicht nur auf seine kulinarischen Spezialitäten rund um Don Camillo und Peppone.

Viele hundert Jahre bevor Rizzoli mit seiner Crew von Rom nach Brescello marschierte, war Brescello schon einmal Schauplatz historischer Ereignisse. Der Vater von Signore Enzo, dem Besitzer der örtlichen Druckerei, ist Präsident der archäologischen Vereinigung Brescellos und unternimmt mit uns einen kulturhistorischen Ausflug zu den Ursprüngen des Ortes. Brescello, damals »Brixellium« genannt, ist die älteste römische Stadt in der Region Emilia Romagna. Sie hatte schon immer – durch ihre Lage – eine strategisch bedeutende Rolle direkt am Po, dem Grenzfluß zur Region Ligurien. Schauerliche Ereignisse trugen sich hier im so genannten Vier-Kaiser-Jahr um 69 n. Chr. zu.

Brixellium (Brescello) und die Poebene waren im Jahr 69 n. Chr. Schauplatz blutiger Schlachten, bei denen Kaiser Otho unterlag.
Heute fließt der Po friedlich in der Sommerhitze dahin. Vergessen sind all die Soldaten, die hier einst ihr Leben verloren.

Brixellium und die Römer

Nach Neros Selbstmord zeigte sich, wie instabil das Römische Reich zu dieser Zeit geworden war. Es fehlte eine Persönlichkeit wie Augustus. Im Alter von 70 Jahren kam der greise Galba an die Macht und wurde kurz darauf ermordet. Nun war der 37-jährige Otho am Zug und riss die Macht gewaltsam an sich. Zähneknirschend wurde Otho, der ehemalige Günstling Neros, mit den kaiserlichen Befugnissen und Privilegien durch den römischen Senat ausgestattet. Die römischen Truppen am Rhein hatten unterdessen als eigenen Imperator Aulo Vitellio (den Gouverneur der germanischen Tiefebene) ausgerufen. So hatte das Römische Reich nun gleichzeitig zwei Kaiser, und ein Bürgerkrieg flammte auf, mit großen Schlachten in der Bassa und nördlich des Po. Hauptquartier von Otho war Brescello, wo die Truppen aufeinander prallten. Otho unterlag am 15. April 69 n. Chr. in Cremona den feindlichen Legionen und beging in der darauf folgenden Nacht in Brescello Selbstmord. Sein Leichnam wurde verbrannt, die Asche gesammelt und in einem eher bescheidenen Monument beigesetzt. Seine Soldaten konnten das heroische Ende ihres Kaisers kaum glauben, war er doch als übermäßiger Lebemann bekannt. Einige Getreue waren so beeindruckt, dass sie ihm durch das Feuer des Scheiterhaufens in den Tod folgten.

Am Tisch mit Don Camillo

NACH DEN STRAPAZEN UND ANSTRENGUNGEN
HABEN SICH ALLE BETEILIGTEN EINE MITTAGSPAUSE
VERDIENT, SO WIE WIR ES AUCH VON
DEN DREHARBEITEN ZU DEN FILMEN
GEHÖRT HABEN – AUF INS »LA BOTTEGA«!

Das kleine Ristorante liegt nur hundert Meter schräg gegenüber vom Museum. Domenico, Besitzer und Chefkoch, begrüßt uns schon auf der Straße. Der große Aufsteller neben dem Eingang zeigt Don Camillo beim Pastaessen, es macht einem den Mund wässrig und neugierig auf die Spezialitäten aus Domenicos Küche.

Domenico – seit seiner Kindheit begeisterter Koch und großer Don-Camillo-Fan – glaubt an das, was er tut, es ist seine Leben. Er erzählt uns, seine ganze Leidenschaft stehe auf der Speisekarte. Das Lokal ist seine Hommage an Don Camillo und Peppone, die Filme und die Ideen von Guareschi. 1996 hat er seinen Traum verwirklicht und aus einem Geschäft mit dem Namen »La Bottega« ein Restaurant mit Thekenverkauf gemacht. Hunderte von Filmfotos pflastern jeden Zentimeter freier Wand und laden den Betrachter ein, alles noch einmal hautnah zu erleben, was sich hier vor rund fünfzig Jahren ereignet hat. Domenico hat viele Fotos von seinem Onkel erhalten, einige stammen aus dem Museum und von weiteren Beteiligten aus Brescello, die damals am Set fotografieren durften.

S. 148: Domenico in seinem Ristorante »La Bottega«.
S. 150/151: Dort gibt es köstliche Gerichte der einfachen
Landküche, serviert zwischen hunderten von Filmfotos.

Stolz posierte damals der Papa von Domenico in seiner
weißen Barrista-Uniform zusammen mit den Filmleuten
aus Rom und dem fülligen Spartaco vor seiner Bar.

Das Museum von Brescello hat ihn zu seiner Wanddekoration inspiriert. An einfachen Tischen mit rot-weiß karierten Tischdecken lernt man die Gerichte der einfachen Landküche kennen. Doch das ganz Besondere an diesem Lokal ist der Hauch von großem Kino, das Gefühl, mittendrin zu sein, wo gleich Fernandel, Cervi und Duvivier um die Ecke biegen und ihre nächste Szene vorbereiten. Die Originallaternen vom Hochwasser im November 1951 werden im Lokal heute als authentische Beleuchtung eingesetzt, in der kalten Jahreszeit waren sie auch gut zum Händewärmen. Heute sammelt Domenico die wenigen noch verbliebenen Exemplare. Mit Freude erzählt er Geschichten aus der spannenden Zeit, als die Filmleute in Brescello waren. Sein Papa hatte keine Zeit für die Komparserie, weil er sich um seine Bar, das heutige »Caffè Don Camillo«, kümmern musste. Und für all die Cappuccini und Espressi der Filmcrew zuständig war.

Auf dem Foto an der Wand sieht man links vor seinem Papa sitzend auch den Casting-Manager Spartaco. Dieser war im doppelten Sinne eine mächtige Erscheinung: Seine Leibesfülle war beeindruckend, und die Verantwortung für die tägliche Auswahl der Statisten gab ihm seine Machtfülle.

Damals wie heute ist die Bar, wie überall in Italien, Treffpunkt und Nachrichtenzentrum für die Einwohner. Bei einem kurzen Espresso werden die tagespolitischen Geschehnisse kommentiert und diskutiert man über die wichtigsten Ereignisse im Dorf, manchmal hitzig, wie wir es bereits kennen gelernt haben. Mittags trifft man sich gerne vor dem Essen unten den Arkaden zu einer *Ombra* (ital.: Schatten), einem Gläschen Weißwein zur Erfrischung oder als Aperitif, um zu erfahren, ob es vielleicht schon wieder etwas Neues gibt.

Sehr viele Leute aus Brescello konnten beim Film mitarbeiten, auch der kleine Stefano, im Film der Sohn von Peppone, kam aus Brescello. Ja, 1965 ließ sich selbst der Bürgermeister von Brescello als Statist anheuern. Auf einem seltenen Filmfoto (wir glauben, es hängt überhaupt nur in Domenicos Restaurant) kann man ihn im Priestergewand erkennen. Im Film gehörte er zu einer Abordnung der katholischen Kirche, die mit Don Camillo nach Amerika reisen sollte. Man stelle sich vor – ein Bürgermeister der Bassa im Priestergewand. Allein das zeigt einmal mehr, was schon Peppone sagte: »Was kommunistisch ist, bestimme ich!«

Auch der kleine Stefano aus Brescello bekam eine Rolle im Film: als Sohn von Peppone – getauft auf den Namen Libero Camillo (!) Lenin – doch das ist eine andere Geschichte …

Manchmal waren nicht allein die Menschen des Dorfes die Komparsen – es gab auch einen »prominenten« Hund:

Zur Segnung des Flusses wird einmal im Jahr das Kreuz der Kirche quer durchs Dorf zum Ufer des Po getragen. Peppone verbietet die Teilnahme an der Prozession, weil die Kommunisten nicht mit »ihrer« Fahne marschieren dürfen. Einsam macht sich Don Camillo auf den Weg, nur ein Hund läuft ihm nach. »Da kann Peppone wenigstens nicht sagen, kein Hund wäre bei der Prozession gewesen.«

Diese Szene und Idee hat sich der Drehbuchautor vorzüglich ausgedacht, doch in der Umsetzung war es ein schwieriges Unterfangen, dem Hund seine Rolle beizubringen. Erst eine Wurst, die hinten am Gürtel von Don Camillos Soutane angebunden wurde, brachte den Hund dazu, hinter dem Kreuz herzulaufen.

Die klassischen Spezialitäten der Bassa – Salami, Schinken und Käse – werden vielerorts noch traditionell in kleinen Betrieben hergestellt.

Die Wurst in der Bassa, das sind auf der einen Seite natürlich die Wurstwaren, *Salume* genannt (nicht zu verwechseln mit der *Salame*, der Salami). Auf der anderen Seite gibt es natürlich die Bratwurst, *Salsiccia*, meist im Ring, und die Kochwurst, *Salamina*. Man findet unzählige Variationen, und die wichtigsten verdienen auch eine kleine Erläuterung.

Die wichtigsten Salami- und Schinkensorten der Bassa

La Gola:

Das Halsstück mit der feinsten Fettqualität vom Schwein. Im Ganzen herausgeschnitten, wird sie auf einem Holzbrett gesalzen. Nach der Ausreifung ist das Fett leicht rosa und hat dünne Fleischstreifen für einen harmonischen Geschmack. Hervorragend schmeckt sie zu lauwarmem Brot und wird, aufgeschnitten und leicht angeröstet, als Basis für viele Gerichte verwendet.

La Coppa della Bassa Verdiana:

Für dieses ganz besondere Nackenstück braucht man Schweine mit mindestens 180 bis 230 kg Lebendgewicht. Zusammen mit dem *Culatello* reift die *Coppa* mindestens acht Monate in Kellergewölben. Sie bleibt weich und leicht süß mit einem charakteristischen wunderbaren Duft. Die traditionelle Zubereitung und die lange Reifung ohne Zugabe von künstlichen oder natürlichen Aromastoffen macht ihre ganz besondere Qualität aus. Sie wiegt zwischen 2,5 und 3,5 kg.

La Pancetta:

Diese *Pancetta* der kleinen Erzeuger kann nicht verglichen werden mit den industriell hergestellten Produkten aus dem Supermarkt. Sie wird nur aus Bauchfleisch hergestellt und hat abwechselnd Streifen von Fleisch und Bauchfett. Nach einer leichten Salzung wird sie gerollt und von Hand mit der klassischen Metzgerschnur gebunden. Die lange Reifezeit von mindestens 10 Monaten bringt ihren milden Geschmack. Jede fein geschnittene Scheibe hat ein leicht rosa gefärbtes Fett und schmeckt hervorragend zu warmem Weißbrot. Das Gewicht variiert zwischen 3 und 5 kg.

Il Fiocco di Culatello:

Beim Entbeinen und Herausnehmen des Culatello aus dem hinteren Schweineschlegel bleibt das Vorderteil des Hinterschlegels übrig, der *Fiocco*. Nach dem Rundschneiden wird er auf die gleiche Weise verarbeitet wie der *Culatello*, da er aber etwas magerer als dieser ist, braucht er weniger Zeit zum Ausreifen. Schon nach sieben bis acht Monaten ist er aufschnittbereit. Sein rubinrotes, wertvolles Fleisch erscheint leicht trocken, da es fast kein Fett enthält, aber zur rechten Zeit aufgeschnitten, entwickelt er einen fast betörenden Duft. Sein Gewicht variiert von 2 bis 2,5 kg.

Salame Gentile von Pallavicina:

Früher, als die Pächter das ganze Schweine-fleisch zu *Salame* verarbeiteten, ging die »*Gentile*« als Geschenk an den Hof der Marchese di Pallavicina, wo der *Culatello* als der König der Wurstwaren galt und die *Gentile* als die Königin der *Salami*. Sie bleibt sehr lange weich, was früher – ohne Kühltechnik – besonders geschätzt wurde. Die Spigarolis essen sie gerne zwischendurch mit *Micche*, den kleinen Weiß-brötchen. Gewicht 1 bis 2,5 kg.

Il Salame Verdiano:

Diese *Salame* ist mit ein wenig Knoblauch und Salz gewürzt. Diese sehr ausgeglichene Salami hat einen etwas höheren Fettanteil, um lange weich zu bleiben; das Salz wird auf ein Mini-mum zur Konservierung reduziert, der wenige schwarze Pfeffer, in Körnern oder gemahlen, wird mit den weiteren Zutaten im Mörser zer-kleinert und leicht mit Wein vermengt, unter Verzicht auf jegliche chemische Zutaten, Bak-terienkulturen oder andere Dinge. Beim Zer-kauen bleibt sie nach der Reifung weich im Mund, schmilzt und hinterlässt einen unver-gesslichen Duft und Geschmack. Giuseppe Verdi war verrückt danach, und damals wie heute findet man sie an jeder Kennertafel.

Il Salame Strolghino di Culatello:

Dies ist die erste Salami der Schweine-Saison. Dazu wird besonders mageres Fleisch des fri-schen *Culatello* verwendet, durch einen etwas feineren Fleischwolf als üblich getrieben und mit der klassischen Würzmischung des par-

mensischen Po-Ufers vermengt. Um schnell zu reifen, wird sie in kleine und sehr dünne Naturdärme abgefüllt, die im Dialekt »*Fisola*« genannt werden, weswegen sie schon nach 15 bis 20 Tagen zum Aufschneiden fertig ist. Besonders frisch und weich, so sollte sie Lust aufs Essen machen wie alle Vorspeisen, aber gleichzeitig sollte sie so geschmackvoll wie die großen, lang ausgereiften Salami sein.

*Der Onkel von Domenico hilft beim Verkauf,
seine Tochter hilft im Service – und alles dreht
sich um Don Camillo und Peppone.*

vom Schulterblatt des Schweins. Die Verarbeitung ist sehr einfach: Man kocht sie 3 bis 4 Stunden in reichlich Wasser. Berühmt sind die Rezepte von Giuseppe Verdi für das Kochen der Schulter. Das erste Rezept steht in einem Brief aus dem Jahr 1872, aber noch ausführlicher wird die Zubereitung in einem Brief an Theresa Stoltz vom August 1890 beschrieben, den zwei kleinere Schulterstücke (eins für die berühmte Sängerin und das andere für die Familie Ricordi) begleiteten:

»1. Ungefähr 12 Stunden in Wasser einlegen, um das Salz zu entfernen.

2. Danach kommt sie in ein anderes kaltes Wasser, das man so langsam zum Kochen bringt, dass sie nicht aufplatzt, ungefähr 3 1/2 Stunden für eine kleinere Schulter und 4 Stunden für eine größere. Will man wissen, ob das Schulterstück gar ist, führt man einen Zahnstocher in das Fleisch ein, und wenn es leicht geht, dann ist die »Schulter« gekocht.

3. Im eigenen Sud kalt werden lassen, dann wird sie serviert. Die Garzeit ist äußerst wichtig: Wenn das Stück hart ist, dann schmeckt es nicht, und wenn es zu lange gekocht worden ist, dann wird es trocken und faserig.«

Spalla Cotta di San Secondo von Ronchei:

Als Ganzes ist sie wunderschön anzusehen, denn sie sieht wie eine große, mit Spagat verschnürte 7 bis 8 kg schwere Kugel aus und trägt den Namen der kleinen Ortschaft in der Provinz von Parma. Schon seit 1170 wird sie in Dokumenten erwähnt, als Pachtzins der Bauern für Felder und Äcker. Die Schulter kommt

Viele Wurstsorten werden im Sommer auch zur Herstellung des *Sugo* für die Teigwaren oder als Füllung verwendet. *Prosciutto crudo* und *cotto* (roh oder gekocht), *Culatello* und Salami, selbst Peperoni werden damit gefüllt. Im Winter haben die Köche in der Bassa mehr Zeit und können neue Rezepte ersinnen. Domenico verrät uns eines seiner neuen Wintergerichte: »*Polenta intingoli*«, gekochter Maisbrei in der Tonschüssel, mit einer dicken Tunke von *Salsiccie*, Pilzen und Schweineniere. Eine weitere Spezialität aus seiner Küche sind klein geschnittene *Tagliatelle* mit einem *Sugo di salsiccia*, der mit *Aceto Balsamico* abgelöscht wird. Der These des Restaurantchefs, dass gutes Essen eine paradiesische Angelegenheit sei, kann man nur zustimmen.

Wirklich gute Küche ist nicht kompliziert, sondern basiert auf ganz einfachen Zutaten. Diese müssen jedoch frisch und von möglichst guter Qualität sein; der Unterschied zwischen einem *Sugo* aus frischen Tomaten und einem aus konservierten Tomaten sagt alles. Hierzu passt ein Rezept mit frischen Tomaten, bei dem kein Metall (!) an die Tomaten kommt. Das ergibt ein unglaublich leichtes, frisches Aroma und schmeckt hervorragend an einem heißen Sommertag (Rezept auf Seite 261).

Auch ganz einfache Gerichte wie *Frittata* (Omelett) mit Zwiebeln haben ein kulinarisches Geheimnis. Es gibt zwei verschiedene Arten der Zubereitung. Bei der ersten kommt zuerst das Olivenöl in die Pfanne und dann werden die Zwiebeln darin angeschwitzt. Wenn sie glasig sind, werden die Eier dazugegeben. Die andere Methode funktioniert ähnlich, nur dass das Öl vor der Zugabe der Eier abgegossen oder sogar ersetzt wird. Auch bei der Zubereitung von *Frittata* mit Froschschenkeln, einer weit verbreiteten Spezialität in der Poebene, werden beide Methoden angewendet, jeder Koch hat da seinen ganz eigenen Gusto. Auch der Geschmack des *Lardo* (der Speck der Bassa) ändert sich, sobald er mit Olivenöl zusammenkommt.

Vieles in Brescello dreht sich also – heute wie damals – um das Essen. Jedes Jahr findet im August das große Eisenbahnfest in Brescello statt. Über 300 Leute bereiten das Essen vor und es wird vier Tage lang auf dem Dorfplatz gefeiert und gegessen. Domenico ist einer der Köche aus Brescello, die für das Festessen verantwortlich sind.

Von Generation zu Generation gehen viele traditionelle Rezepte verloren. Als Koch und Restaurantbesitzer sieht Domenico sich berufen, viele dieser einfachen Rezepte vom Land und den Menschen der Kleinen Welt zu bewahren und weiterzugeben. Deshalb kocht er für uns einige seiner Spezialitäten und verrät uns seine Rezepte dazu.

Die Figuren und ihre

LA BOTTEGA IM FILMDORF BRESCELLO

REZEPTE NACH DOMENICO MONDINI

Rezepte

Der Wein in der Kleinen Welt

Wein ist wohl der italienische Exportartikel schlechthin. Es scheint, dass jeder Italiener seinen eigenen Wein macht. In den Geschichten um Don Camillo wimmelt es jedenfalls nur so von Menschen, die ihre eigenen Weinstöcke haben. Manche, wie der unsympathische Großbauer Marasca, haben ganze Weingüter. Andere haben eben nur ein paar Weinstöcke. Selbst Don Camillo hat Weinreben im Garten, von denen aber nur eine Muskatellertrauben trägt. Ganz egal ob Großbauer oder Landpfarrer: Jeder liebt seine Weinstöcke beinahe mehr als seine Kinder. Es käme niemanden in den Sinn, Weinstöcke zu zerstören. Als einmal eine kommunistische Strafaktion das Zerschlagen von Weinstöcken zum Inhalt hatte, galt dies als die allerbarbarischste Aktion überhaupt. Ist schlechtes Wetter mit viel Regen, stöhnt man zuerst über die armen Weintrauben und dann erst über alles andere.

Aber nicht nur bei den Weinstöcken, auch beim fertigen Produkt sind die Menschen in den Geschichten empfindlich. Biasca, ein lauter und brutaler Mann, wird nur deswegen zum Choleriker, weil seine Frau ihn zwingt, gepanschten Wein zu trinken. Zur Ehrenrettung der Celestina müssen wir allerdings sagen, dass sie edle Motive hatte … Der alte Folini, der ein Gasthaus an einer noch gar nicht gebauten Straße betreibt, besitzt natürlich einen Hauswein. Und dieser ist über zwanzig Jahre alt! Ein Wein, der so gut ist, dass Don Camillo ihn gar nicht anrühren mag. Aber der beste Wein ist unbestreitbar der »Königsmalvasier« des Giocondo Bessa. Seit 1908 stellt die Familie Bessa diesen Wein her, »ohne chemisches Dreckzeug und mit dem Gespür eines begnadeten Künstlers«. Der Wein war nicht für die Bauernlümmel der Bassa bestimmt, sondern einzig und allein für den König. Leider wurde die Geschichte politisch, als der König nach dem Krieg abdanken musste. Aber schon vorher, während der »Republik von Salo«, hatten die Deutschen sämtliche Flaschen des kostbaren Weins einfach ausgetrunken. Trotz des beißenden Spotts der Kommunisten keltert die Familie Bessa eisern weiter und wartet auf die Rückkehr des Königs.

Malvasia, der Wein einer Rebsorte aus Dalmatien, wird noch heute in kleinen Mengen produziert. Außerhalb der Bassa kann man ihn kaum finden. Wie gelangte der dalmatinische Wein in die Bassa? In früheren Jahren kamen Landarbeiter als Tagelöhner und Erntearbeiter aus dem Osten, die die Reben mitbrachten. In einer Zeit, als es noch keine Kühlschränke in der Bassa gab, wurde der Wein im kühlen Keller gelagert. Wer ihn noch frischer haben wollte, versenkte ihn an einer Schnur im Brunnen. Das tut auch Don Camillo.

Wein trinken ist eine ebenso ernste Sache wie dessen Herstellung. Oft genug drückt Guareschi seine Verachtung vor Getränken aus, die man in der Stadt serviert. Wer es in der Bassa wagt, Bier oder gar Cocktails zu bestellen, wird bestenfalls ausgelacht. So jedenfalls ergeht es den zur Verstärkung aus der Stadt geholten Genossen. Wer keinen Wein trinken kann oder darf, der trinkt nicht etwa Kaffee oder gar ein neumodisches Softgetränk. Den Cappuccino gibt es sowieso nur zum Frühstück. Ansonsten trinkt der Mann aus der Bassa ein Glas einfaches klares Wasser.

Der einsame Weingenuss ist in Italien eher verpönt. Zu zweit oder in noch größerer Gesellschaft trinkt es sich viel angenehmer. Sollte es dann noch heiß sein, ruht sogar die größte Feindschaft. Das erfährt auch Smilzo, als Don Camillo ihn zu einem Gläschen *Bianco amabile* einlädt. Wein wird stets geschätzt. Peppone vergibt sich überhaupt nichts, wenn er den berühmten »Königsmalvasier« eben genauso nennt. Der Wein ist königlich, das muss auch ein durch und durch roter Proletarier zugeben. Nur in besonderen Ausnahmefällen trinkt man etwas Härteres. So brauchte Peppone, nachdem er den Po durchschwamm und daraufhin eine Herzattacke erlitt, eine ganze Flasche Grappa, um seinen Motor wieder anzuwerfen.

Was begleitet den Wein? Da wir uns in der Bassa befinden und diese bäuerlich ist, kommen zum Wein in den Geschichten nur deftige Sachen auf den Tisch. Brot, Salami und Käse.

Das hat den Vorteil, dass man natürlich einen ungeheuren Durst bekommt, weswegen man folglich wieder dem Wein zusprechen muss …

In der Fremde muss man essen und trinken, was man bekommt. Nur einmal, in »Genosse Don Camillo«, unternimmt Don Camillo eine Auslandsreise. Er und »auserwählte Genossen« müssen mit den Vorzügen der russischen Küche, so wie sie Guareschi beschreibt, auskommen. Statt Kaffee gibt es Tee, der keinem wirklich schmeckt. Bis auf ein einziges Festmahl, bei dem Lammbraten und Wodka gereicht wurden, gab es eher trübe russische Bauernkost. Beim Anblick der roten Gemüsesuppe geraten sowohl Don Camillo als auch Peppone ins Träumen über italienische Pasta!

Tortelli di bietola e ricotta

MANGOLD-RICOTTA-TORTELLI

FÜR DIE FÜLLUNG:

500 G MANGOLD, GEWASCHEN,
STIELE ENTFERNT

60 G BUTTER

200 G RICOTTA (WENN MÖGLICH
JE ZUR HÄLFTE AUS SCHAFS-
UND KUHMILCH), ZERBRÖCKELT

130 G PARMESAN
(MINDESTENS 24 MONATE ALT),
FRISCH GERIEBEN

1 MESSERSPITZE MUSKATNUSS

SALZ

1 EIGELB

FÜR DIE PASTA:

500 G MEHL

1 PRISE SALZ

4 EIER

MEHL FÜR DIE ARBEITSFLÄCHE

FÜR DIE SAUCE:

80 G BUTTER

PARMESAN, FRISCH GERIEBEN
(MENGE NACH BELIEBEN)

Für die Füllung: Den Mangold 15 Minuten in Salzwasser garen. Abgießen, abkühlen lassen und so viel Wasser wie möglich herauspressen. Die Butter in einer Pfanne zerlassen und den Mangold unter ständigem Rühren 10 Minuten darin braten. Muskatnuss hinzufügen und mit etwas Salz abschmecken. Vom Herd nehmen und Ricotta, Parmesan und Eigelb gründlich unterrühren.

Für die Pasta: Mehl und Salz in eine große Schüssel oder auf die Arbeitsfläche geben. Anhäufen, in der Mitte eine Mulde bilden und die Eier mithilfe einer Gabel oder mit den Fingerspitzen in das Mehl einarbeiten. Den Teig kneten, bis er glatt und geschmeidig ist (bei Bedarf teelöffelweise Wasser zugeben). In Frischhaltefolie oder ein Küchentuch wickeln und etwa 30 Minuten bei Zimmertemperatur ruhen lassen.

Den Teig auf einer bemehlten Arbeitsfläche dünn ausrollen (eventuell zuvor in zwei oder drei Portionen teilen) und in 8 bis 9 cm breite Streifen schneiden. Entlang der Längsseite der Teigstreifen im Abstand von 3 bis 4 cm und etwa 1 cm vom Rand entfernt je 1 gut gehäuften Teelöffel der Füllung setzen. Jeweils die leere Hälfte der Teigstreifen über die Füllung klappen und die Teigränder mit den Fingern zusammendrücken. Mit dem Teigrädchen in Quadrate schneiden und den Teig an den Schnittkanten wiederum zusammendrücken. In einem großen Topf reichlich Salzwasser zum Kochen bringen. Die Tortelli hineingeben und 3 bis 5 Minuten al dente kochen. Mit dem Schaumlöffel aus dem Wasser nehmen und zum Abtropfen kurz in ein großes Sieb geben.

Für die Sauce: Die Butter im Wasserbad zerlassen. Die Tortelli in eine Servierschüssel geben und die Butter vorsichtig unterheben. Parmesan nach Belieben darüber streuen und sofort servieren.

Tortelli di zucca

KÜRBIS-TORTELLI

Für die Füllung: In reichlich Wasser den Kürbis 40 Minuten garen. Herausnehmen und abkühlen lassen. Den Kürbis halbieren, entkernen und das Fruchtfleisch mit einem Löffel herausschaben und in eine Schüssel geben. Amaretti, Senfsauce und Parmesan hinzufügen und das Ganze gründlich mischen.

Für die Pasta: Den Teig – wie im Rezept »Mangold-Ricotta-Tortelli« angegeben – zubereiten und mit dem Füllen und Garen der Tortelli wie dort beschrieben verfahren.

Für die Sauce: Das Öl in einer Pfanne erhitzen und die Zwiebeln glasig, aber nicht braun werden lassen. Die Tomaten hinzufügen und das Ganze bei geringer bis mittlerer Hitze 30 Minuten schmoren lassen. Bei Bedarf etwas Wasser zugießen.

Tortelli und Sauce in eine Servierschüssel geben, vorsichtig mischen und nach Belieben Parmesan darüber streuen. Sofort servieren.

FÜR DIE FÜLLUNG:

1 KLEINER REIFER GELBER KÜRBIS

80 G AMARETTI (MANDELKEKSE), ZU KRÜMELN ZERSTOSSEN

130 G APFELSENFSAUCE

150 G PARMESAN, FRISCH GERIEBEN

FÜR DIE PASTA:

SIEHE REZEPT »MANGOLD-RICOTTA-TORTELLI«, SEITE 164

FÜR DIE SAUCE:

3 EL OLIVENÖL

1 ZWIEBEL, IN KLEINE WÜRFEL GESCHNITTEN

300 G PASSIERTE TOMATEN

PARMESAN, FRISCH GERIEBEN (MENGE NACH BELIEBEN)

Tagliatelle al culatello

TAGLIATELLE MIT CULATELLO
(LUFGETROCKNETEM SCHINKEN)

FÜR 4 PERSONEN

FÜR DIE SAUCE:

150 G CULATELLO IN EINER
DICKEN SCHEIBE

4 EL OLIVENÖL

150 G PASSIERTE TOMATEN

1 MESSERSPITZE ZUCKER

2 EL FEIN GEHACKTE
ZWIEBELN, KAROTTEN
UND STANGENSELLERIE
GEMISCHT

PARMESAN, FRISCH GERIEBEN
(MENGE NACH BELIEBEN)

400 G TAGLIATELLE ALL'UOVO
(MIT EI)

Für die Sauce: Den Culatello in kleine Würfel schneiden. Aus Zwiebeln, Karotten und Stangensellerie einen »Soffritto« bereiten: Die Zutaten mit einem Wiegemesser fein hacken und in einer großen Pfanne mit etwas Olivenöl anrösten. Culatello und Zucker zugeben und bei geringer Hitze 30 Minuten garen.

Die Tagliatelle in reichlich Salzwasser al dente kochen und abgießen. In die Sauce geben und kurz schwenken. Nach Belieben mit Parmesan abschmecken und damit bestreuen.

Anmerkung: Culatello ist hierzulande nicht überall erhältlich und kann durch einen guten Parmaschinken ersetzt werden.

Padrenostro di DON CAMILLO

MACCHERONCINI À LA VATER UNSER VON DON CAMILLO

FÜR 4 PERSONEN

Für die Sauce: Alle Zutaten in eine Schüssel geben, mischen und im Wasserbad ca. 2 Stunden lang garen. Das Wasser sollte dabei stets nur warm bleiben, nicht heiß werden.

Die Maccheroncini in reichlich Salzwasser al dente kochen und abgießen. Pasta und Sauce in eine Pfanne geben und bei geringer Hitze ein paar Minuten schwenken. Pasta und Sauce in eine Servierschüssel geben und Parmesan, Schnittlauch und etwas schwarzen Pfeffer darüber geben. Sofort heiß servieren.

FÜR DIE SAUCE:

150 G SPALLA COTTA
ODER GEKOCHTER SCHINKEN,
IN KLEINE WÜRFEL GESCHNITTEN

500 G SAHNE

150 G PARMESAN,
FRISCH GERIEBEN

200 G ERBSEN AUS DER DOSE

400 G MACCHERONCINI
(SEHR DÜNNE MAKKARONI
AUS HARTWEIZENGRIESS)

1 EL FEIN GEHACKTER
SCHNITTLAUCH

SCHWARZER PFEFFER
AUS DER MÜHLE

Pennette alla PEPPONE

PENNETTE À LA PEPPONE

FÜR 4 PERSONEN

FÜR DIE SAUCE:

200 G GEKOCHTES
KÜRBISFLEISCH

40 G AMARETTI,
ZERSTOSSEN

30 G APFELMOSTARDA
(IN SENFSIRUP EINGELEGTE
KANDIERTE FRÜCHTE)

150 G PARMESAN,
GERIEBEN

1 WEISSE ZWIEBEL,
FEIN GEWÜRFELT

250 G PASSIERTE TOMATEN

400 G PENNETTE RIGATE

Kürbisfleisch, Amaretti, Mostarda und 100 Gramm Parmesan mischen. Die Zwiebelwürfel mit den passierten Tomaten in eine große Pfanne geben und 20 Minuten schmoren, dabei gelegentlich umrühren. Vom Herd nehmen, mit der Kürbismasse vermischen und 15 Minuten ruhen lassen.

Die Pennette in reichlich Salzwasser al dente kochen, abgießen und zu der Kürbissauce in die Pfanne geben. Kurz erhitzen und schwenken, den restlichen Parmesan darüber streuen und heiß servieren.

Bei Domenico wurde zu diesem Gericht sozusagen als gerechter Ausgleich der Lambrusco »Don Camillo« serviert.

Guareschi und Verdi
—
zwei Meister, ein Dorf

Roncole – inzwischen nennt sich der Ort Roncole Verdi – gehört zur Kommune von Busseto und erlangte Berühmtheit, weil Maestro Giuseppe Verdi hier im Jahre 1813 als Sohn des Carlo Verdi und der Luigia Uttini geboren wurde. Die Gegend um Busseto ist geprägt vom Leben und Schaffen des großen Komponisten, seine Musik vibriert noch immer in der Luft, hängt über den weiten Fluren der fruchtbaren Erde und schwingt in den Gemäuern der Zisterzienserklöster, der romanischen und gotischen Kirchen, der Schlösser und Bauernhöfe.

In Busseto thront Giuseppe Verdi vor seinem Theater. Die Bronzestatue wurde zu seinem 100. Geburtstag eingeweiht. Auf der weitläufigen Piazza davor finden im Sommer viele Open-Air-Veranstaltungen statt.

Auf seinem Landgut St. Agata, nur etwa 10 Kilometer von hier, ließ er sich im Alter von 34 Jahren nieder, um sich vom turbulenten Stadtleben Mailands zurückzuziehen und sein Leben als Bauer zu verbringen. Er selbst sagte von sich: »*Io sono un contadino*« (Ich bin ein Bauer). Wobei man nicht sicher sein kann, ob er damit nicht vielleicht seinen etwas brummigen Charakter meinte. In seinen lebenslustigen Kompositionen spiegeln sich das Landleben und alle mit dem Boden verbundenen Geheimnisse wider.

Kaum ein Jahrhundert später sollte sich diese Geschichte des Rückzugs wiederholen: Guareschi lebte bis 1952 mit seiner Frau und seinen zwei Kindern in Mailand. Seit Mitte der

Die Landschaft der Bassa: endlose Felder, einsame Höfe, wild wachsende Kräuter und Blumen am Wegesrand. Die Piopi (Pappeln) sind ebenso typisch für diese Gegend.

50er Jahre wurde Roncole Verdi die Heimat der Familie. Sein Sohn Alberto erzählt, dass sein Vater immer drei Tage in Mailand arbeitete und vier Tage in Roncole Verdi verbrachte. Die Wohnung in Mailand lag nahe dem Verlagshaus in einer Nebenstraße. Dort wurde der Autor von den Verlagsmitarbeitern hermetisch abgeschirmt, um ungestört arbeiten zu können, meistens Tag und Nacht. Von Samstag bis Dienstag schrieb er sich die Finger wund auf seiner Schreibmaschine in der mit falschem Marmor ausgelegten Küche und unterbrach nur für eine kurze Siesta auf dem unbequemen Sofa, um dieses immense Pensum überhaupt zu schaffen. Nach Redaktionsschluss ging es mit seinem Mercedes Diesel nach Roncole Verdi. Dort tankte er Kraft für neue Ideen.

Autostopp

Da kommt eines Tages, mitten im Wahlkampf, Don Camillo aus der Stadt nach Hause. Die Verkehrsverbindungen ins kleine Dorf sind schlecht, und da er den Bus verpasst hat, muss der arme Priester jetzt nach Hause laufen. Plötzlich kommt ein altersschwacher Fiat vor-

bei, schon ein richtiges Liebhabermodell, selbst anno 1952, das noch das Lenkrad rechts hat und über eines der ältesten Nummernschilder mit den Kennbuchstaben RE für Reggio Emilia verfügt. Der Fiat wird von Peppone gesteuert und birgt kostbare Fracht: ein riesiges Plakat von Peppones Kopf, sehr ähnlich den überlebensgroßen Porträts der Sowjetführer. Auf der Fahrt kann Don Camillo es nicht lassen, Peppone aufzuziehen. Zu groß ist die Schere zwischen den vollmundigen Versprechungen eines Kommunismus, in dem alle Bedürfnisse befriedigt und die Arbeiter zufrieden sind, und dem vor sich hin keuchenden Fiat. Den nationalstolzen Mechaniker Peppone wurmt

S. 180/181: Die unvergessene Szene aus dem dritten Film, in der Don Camillo mit einer List Peppone zum Fußgänger macht.
Links: Plakat zum Filmfestival in Brescello 2003.
Rechts: Don Camillos nächster Streich gegen den eitlen Wahlkämpfer (siehe auch Seite 33).

Diese Geschichte ist so nie in Buchform erschienen, und in keinem weiteren Film ist der »Wagen des Kreml« zu sehen, aber durchaus der »Wagen des Vatikans«. In »Hochwürden Don Camillo« fährt Don Camillo, jetzt Monsignore, mit einem schweren amerikanischen Oldsmobile durch die Bassa. Nichts mehr von dem armen Priesterlein, das mit Hühneraugen zwanzig Kilometer gehen muss.

schon sichtlich die Bemerkung Don Camillos, ob denn dieser Fiat eben jenes russische Automobil sei, das die Kommunisten nach ihrem Wahlsieg jedem Arbeiter schenken würden. Aber als Don Camillo noch die Stirn hat, zu fragen, ob der Wagen denn nun mit Benzin oder Versprechungen laufe, wirft Peppone seinen lästigen Fahrgast auf die Straße. Doch der Priester legt einfach den Benzinhahn heimlich um und Peppone kommt nur wenige Meter weit. Scheinheilig bietet sich Don Camillo an, Peppone zu helfen. Als dieser schiebt, dreht Don Camillo den Hahn wieder um und fährt herzlich lachend davon. »Warte auf den Wagen des Kreml!«, ruft er seinem Widersacher schadenfroh zurück.

Während seine Geschichten aus der Kleinen Welt Bestseller wurden und die ersten beiden Filme Schlangen an den Kinos garantierten, blieb Guareschi im *Candido* der unbequeme und lautstarke Kritiker. In einer Karikatur machte er 1953 den Ministerpräsidenten de Gasperi lächerlich. Das war das bürgerliche Gegenstück zur Majestätsbeleidigung und wurde Guareschi mit einer Anzeige wegen »Verächtlichmachung der Republik« zur Last gelegt. Vermutlich wegen der massiven Wahlhilfe, die sein Blatt dem Präsidenten und seiner Partei einst gegeben hatte, kam Guareschi mit einer Bewährungsstrafe davon. Die Bewährungszeit war noch nicht abgelaufen, da ließ sich Guareschi auf ein neues Abenteuer ein.

PROCESSATE
GUARESCHI

Fu un processo di regime come raramente è dato d'imbattersi nella storia italiana del dopoguerra, secondo quanto sostengono da sempre gli amici di **Guareschi**? Oppure fu una sentenza senza alternative, data l'evidenza della diffamazione compiuta ai danni di **De Gasperi**? Giovannino Guareschi, direttore del settimanale *Candido*, fu condannato il 15 aprile 1954 per avere diffamato l'ex presidente del Consiglio Alcide De Gasperi, leader storico della Democrazia Cristiana, dopo il diniego del tribunale di Milano di far periziare due comprometttenti lettere a lui attribuite e sulla base della apodittica affermazione, contenuta persino nella motivazione della sentenza, che «non si poteva non credere» a un uomo come De Gasperi. Dopo oltre quarant'anni, questa storia appare incredibile. Anche a prescindere dal fatto, peraltro ormai certo, che le lettere fossero apocrife, così come autentica era la buona fede di Guareschi.

La sentenza fu accettata senza proporre appello, tanto che Guareschi scontò l'intera pena (un anno di reclusione) a cui era stato condannato. De Gasperi asserì in udienza di non avere mai cercato di entrare in possesso dei famosi documenti, sicuro che fossero falsi. Ma, mentre davanti al tribunale pronunciava parole di sdegnato diniego, egli aveva in tasca, da oltre un mese, una lettera di **Winston**

...rile 1954: il tribunale di Milano
...nna il famoso scrittore a un anno di
...sione per avere pubblicato sul
...nanale *Candido*, da lui diretto, due
...ometttenti lettere firmate Alcide De
...ri. Chi, in realtà, le aveva scritte?
...é i giudici non vollero una perizia e
...arono di distruggere quei documenti?

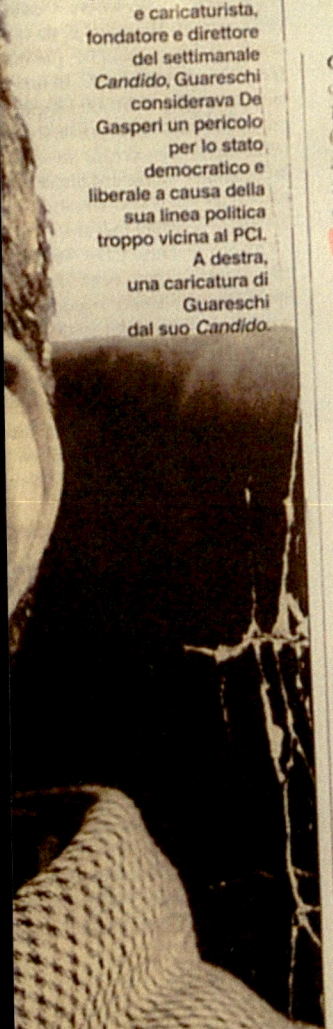

Churchill, all'epoca premier britanni-co, al quale aveva segretamente inviato 12 documenti provenienti dal carteggio (nessuno ha mai stabilito chi glieli aveva consegnati) per averne un giudi-zio circa la loro autenticità. Churchill dichiarò false le carte con una sua lette-ra del 3 marzo 1954. De Gasperi tuttavia non esibì al tribunale quella lettera.

Le due lettere così comprometttenti per De Gasperi, in quel momento impegnato in una battaglia politica ten-dente a scalzare dal governo il suo compagno di partito **Giuseppe Pella**, considerato troppo anticomunista, troppo di destra, provenivano dal famoso carteggio di **Enrico De Toma**. Il De Toma, giovanissimo ufficiale della Repubblica Sociale Italiana, aveva rice-vuto incarico, pochi giorni prima del 25 aprile 1945, di mettere al sicuro in Svizzera, presso un ebreo che era stato salvato per intervento diretto di **Mussolini** (il signor **Ambrosetti**, poi della Züst-Ambrosetti), un plico di documenti segretissimi il cui nucleo era rappresentato da uno scambio di lette-re tra il Duce e Winston Churchill, pro-trattosi lungo tutto il secondo conflitto mondiale e fino alla vigilia della fine. A tali documenti, Mussolini affidava le proprie speranze di salvezza, nel caso avesse dovuto affrontare un processo tipo Norimberga. Oltre alle lettere parti-colarmente imbarazzanti per Churchill

perché, se vere, avrebbero dimostrato che egli trattava con il capo del fascismo alle spalle dell'alleato sovietico, il dossier conteneva altri documenti, tra cui, appunto, due lettere firmate De Gasperi. La prima, datata Roma 19 gennaio 1944, su carta recante lo stemma del Vaticano e la scritta «Segreteria di Stato di Sua Santità», era diretta al tenente colonnello **Bonham Carter**, presso la Peninsular Base Section di Salerno, e diceva testual-mente: «Egregio signor colonnello, non avendo ricevuto alcun riscontro in merito alla mia ultima del 12 gen-naio '44, mi permetto di trascriverle intera-mente il contenuto della precedente, rimasta fino a oggi senza esito. "Tramite un corriere P.O. affi-diamo la presente contenente la nostra più ampia assicurazio-ne che quanto S.E. il

generale **Alexander** desidera venga effettuato, come azione collaterale da parte dei nostri gruppi Patrioti, sarà scru-polosamente attuato. Ci è purtuttavia doloroso, ma necessario, insistere nuo-vamente, affinché la popolazione roma-na si decida a insorgere al nostro fianco, che non devono essere risparmiate azio-ni di bombardamento nella zona ▶

Guar...
rit...

Il quotidia...
resse sull...
Guaresch...
Don Cam...
me la pr...
spunto so...
blicati da...
sione sul...
processo...
carcere. N...
dido due...
cristiano...
ma. Qua...
di distru...
ha recup...

Man hatte dem *Candido* Briefe zugespielt, die angeblich von de Gasperi stammten, als dieser noch im Widerstand gegen die Faschisten gewesen war. In diesen Briefen forderte der Verfasser das alliierte Kommando auf, Rom zu bombardieren, um den Widerstand der Faschisten und der italienischen Bevölkerung zu brechen. Ein Kriegsverbrechen, denn Rom war »Offene Stadt«, und mit Rücksicht auf das Weltkulturerbe und den Vatikanstaat waren selbst die Deutschen vor Kriegshandlungen in der Stadt zurückgeschreckt. Waren die Briefe echt? Heute sieht man sie fast durchweg als Fälschung an, wenngleich die Familie Guareschi vom Gegenteil überzeugt ist. Tatsache ist, dass Giovannino Guareschi seiner Quelle glaubte. Er druckte die Briefe im *Candido* ab und verfasste einen seiner berühmten Artikel an die Adresse de Gasperis. Der reagierte mit einer Zurückweisung und dem Aufruf, Guareschi solle alles zurücknehmen. Guareschi nahm natürlich nichts zurück. Er war überzeugt, im Recht zu sein. Einige seiner Kollegen nannten das Starrköpfigkeit, andere bewunderten seine journalistische Integrität. Auf jeden Fall kam es zu einem Prozess, den Guareschi verlor. Er wurde zu 14 Monaten Gefängnis verurteilt. Da er sich noch auf Bewährung befand, konnte die neue Strafe nicht abgemildert werden.

Seite 184/185: Zeitungsausschnitt zum Guareschi-Prozess. Links: Hausgemachte Pasta und erlesene Weine im Ristorante Guareschi in Roncole Verdi.

Der zu diesem Zeitpunkt bekannteste Humorist Italiens musste in Haft. Seelisch hat Guareschi die Zeit der Haft schwer getroffen. War das das neue, integere, moralische Italien, für das er kämpfen wollte? Hatte er dafür Jahre seines Lebens geopfert? Guareschis moralisches Wertesystem begann zu taumeln. Der Aufenthalt im deutschen Lager war, so schrieb er später, einfacher zu ertragen gewesen. Da hatte er gewusst, wer der Feind war. Aber jetzt?

Das Ristorante Guareschi

1964 zog sich der große Journalist aufs Land zurück und eröffnete in Roncole Verdi sein berühmtes *Ristorante Guareschi*, das fast 20 Jahre lang existierte. Aus dem Journalisten wurde der Restaurantbesitzer, wobei er seine knurrige Art beibehielt. *»In diesem Lokal gibt es keine Jukebox!«* begrüßte ein Schild zu Beginn der 60er Jahre die Gäste.

Guareschi konnte aus dem Vollen schöpfen, da er fast alle Produkte für seine erstklassige Küche auf seinen eigenen Gütern erzeugte: Wein, Käse, Salami, Schinken und natürlich hausgemachte Pasta machten sein Restaurant sogar über die Grenzen Italiens hinaus berühmt. Ein deutsches Kochbuch, »Die besten italienischen Restaurants«, aus dem Jahr 1985 verrät einige seiner Rezepte: *»Kein Koch dürfte seine Cannelloni mit mehr Berechtigung nach der berühmten Oper Verdis benennen als Guareschi. Sein stimmungsvolles Feinschmeckerlokal liegt dem Geburtshaus des italienischen Komponisten unmittelbar gegenüber.«*

(Das Rezept der »*Cannelloni alla Rigoletto*« finden Sie auf Seite 244.)

1993 knüpfte Carduccio Pedretti an die Tradition der guten Küche mit Spezialitäten der Region Parma an und eröffnete seine *Trattoria alle Roncole,* nur zwei Häuser entfernt vom Anwesen der Guareschis und dem Geburtshaus Verdis.

Signore Pedrettis ganzer Stolz sind die Wurst- und Schinkenspezialitäten, die sein Vater Nereo ohne Verwendung von Konservierungsmitteln und mit viel Liebe herstellt. Auf der Speisekarte finden wir *Culatello, Fiocchetto, Spalla, Coppa, Salame* und *Pancetta.* Diese Köstlichkeiten kann man auch im angegliederten Laden käuflich erwerben. Die unwiderstehliche Einladung, in den Reichtum und die Schönheit von Verdis Musik einzutauchen,

prägt auch das gesamte Ambiente der Trattoria. Wir finden neben einem wundervolllen Flügel auch andere Instrumente, die oftmals bei einem festlichen Mahl zum Klingen gebracht werden.

So stand auch Giuseppina Strepponi Pate für ein Pastagericht von Signore Pedretti, das heute ihren Namen trägt. Zu Zeiten des Maestro war sie eine der besten Opernsängerinnen und kam häufig in diese Gegend, um mit Verdi auf dessen Landgut St. Agata zu arbeiten. (Rezept für »Tagliatelle alla Strepponi« auf Seite 202.)

Im Hof des Anwesens der Familie Guareschi entdecken wir die idealen Bedingungen, um Signore Pedrettis Kompositionen in Szene zu setzen.

Oben: Der Garten der Familie Guareschi in Roncole Verdi. Zu Zeiten des Restaurants wurden in diesem Atrium die Gäste bewirtet; heute schützt ein Dach aus Efeu vor der sengenden Sonne der Bassa.
Links: Torta fritta mit Porchetta, fotografiert im Garten der Guareschis (Rezept auf Seite 201).

Das Anwesen der Guareschis in Roncole Verdi

Ein lauschiges Plätzchen hatte sich der große Autor da ausgesucht, als er sich aus dem turbulenten Mailand in dieses einsame Dorf zurückzog. Der gesamte Innenhof ist von einem grünen Dach aus Efeu überwuchert, die

Strahlen der gleißenden Mittagssonne blinzeln durch die leicht wehenden Blätter, die in der sengenden Sommerhitze kühlenden Schatten spenden. Früher war dieses malerische Atrium Teil von Guareschis weltberühmtem Restaurant. Überall standen Tische, an denen seine hausgemachte Pasta und viele weitere kulinarische Köstlichkeiten aufgetragen wurden. Eine kulinarische Oase muss dieses Ristorante wohl gewesen sein.

Der »Club dei 23«

Dicht von Efeu umrankt, liegt versteckt der Eingang zum Museum und dem *»Club dei 23«*. Nun fragt man sich natürlich, welch geheimnisvolle Bedeutung sich hinter diesem ausgefallenen Namen verbirgt. Alberto Guareschi klärt uns mit einer Anekdote über seinen Vater auf: Der Name geht zurück auf ein Zitat seines Vaters, der sich an den berühmten italienischen Schriftsteller Alessandro Manzoni erinnerte, welcher einmal von sich sagte, er schriebe ja doch nur für nicht mehr als 25 Leser. Daraufhin habe Guareschi scherzhaft für sich höchstens 23 Leser beansprucht.

Wir kommen in den Genuss einer höchst exklusiven Museumsführung durch den Sohn des Autors. Übrigens hatte Giovannino Guareschi einen eigenen prachtvollen Weinstock in Roncole Verdi. Als das Wohnhaus vergrößert werden sollte, kam es dem Autor nicht in den Sinn, den Weinstock zu entfernen. Er baute sein Haus einfach um den Weinstock herum!

Heute passiert man den mächtigen Baum im Durchgang zur ehemaligen Bar, deren Theke noch heute vorhanden ist. In dem hohen Raum sind diverse Bücher von Guareschi ausgestellt. Elf hat er im Laufe seines Lebens geschrieben und nach seinem Tod weiteres Material hinterlassen. Einiges davon kann man hier entdecken. Durch eine Schwingtür kommt man in das eigentliche Museum, den ehemaligen Gastraum, mit seinem karierten Fliesenboden und den markanten gemauerten Bögen, die die wunderschöne Holzdecke unterbrechen.

Viele Dokumente aus dem Leben Giovannino Guareschis sind der hauptsächliche Bestandteil des Museums, aber auch einige seltene, interessante Exponate aus der Kleinen Welt sind hier zu sehen. Die von Guareschi erwähnten 23 Leser brauchen natürlich einige Nullen hinter der 23, um den Welterfolgen der Bücher um Don Camillo und Peppone gerecht zu werden. Die ersten acht Bücher erreichten eine geschätzte Gesamtauflage von 1,5 Millionen Exemplaren in nur 30 Monaten.

Die Umschläge diverser internationaler Ausgaben kann man hier sehen, es existiert sogar eine israelische und japanische Ausgabe. In China ist Giovannino Guareschi noch heute ein verbotener Autor.

Es gibt nicht nur über die Bücher Interessantes zu entdecken, sondern auch über die Filme. Einige Fotos von den Dreharbeiten sprechen Bände: Sie gestalteten sich anfänglich zäh und schwierig, weil der Autor selbst den Peppone spielen sollte. Eine einzige Szene musste 49 Mal

wiederholt werden – das ging an die Substanz von Darsteller und Regisseur. Giovannino Guareschis cholerisches Temperament gegen den Franzosen Duvivier, der in italienischen Augen eher als unsympathisch galt. Die Spannungen legten sich, als alle Beteiligten einsahen, dass Guareschi eine klassische Fehlbesetzung war. Der Italiener Gino Cervi wurde für die Rolle des Peppone engagiert. Der Franzose Ferdinand Contandin, dem Publikum besser bekannt unter seinem Künstlernamen »Fernandel«, übernahm den Part des Don Camillo. Und auch Giovannino Guareschi legte seine anfängliche Ablehnung gegen Fernandel bald ab. Alberto Guareschi erzählt augenzwinkernd, dass sein Vater einmal sagte: »*Der Fer-*

Alberto und Carlotta Guareschi – die Kinder des Autors – haben den »Club dei 23« vor einigen Jahren ins Leben gerufen. In den Räumen des ehemaligen »Ristorante Guareschi« finden heute Vorträge und Veranstaltungen statt. Die ständige Ausstellung »Tutto il mondo di Guareschi« und ein umfangreiches Archiv zeugen vom Leben und Schaffen des Autors.

nandel ist so lieb … Ich schreibe die neuen Geschichten alle mit seinem Gesicht im Kopf.« Und wer die späteren Don-Camillo-Bücher liest und die Filme gesehen hat, kann wirklich Fernandels Gesicht vor sich sehen.

Oftmals sind die literarischen Vorlagen und die Filmfassungen der Geschichten von Guareschi unterschiedlich. Folgende Anekdote ist ein gutes Beispiel.

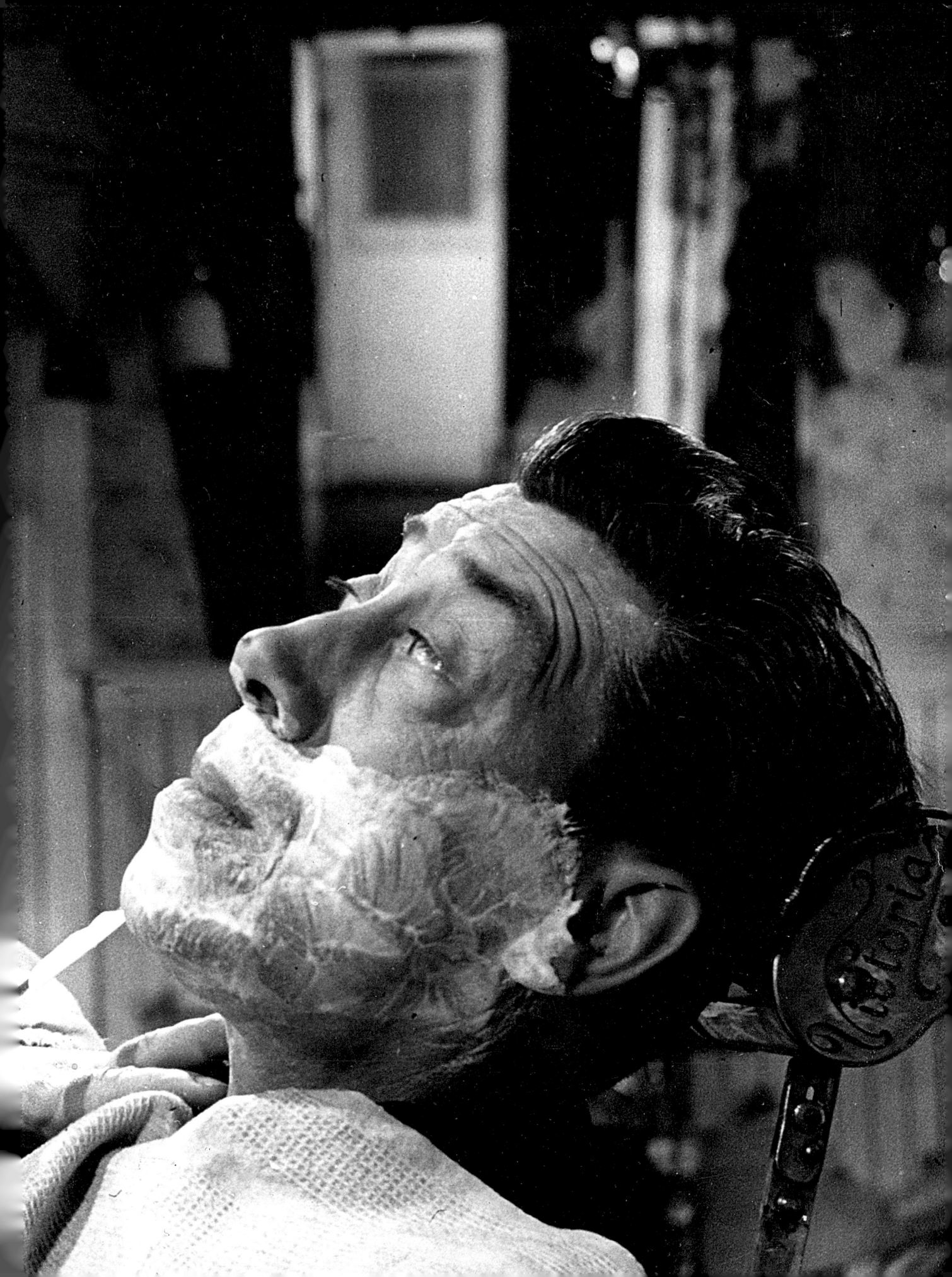

Der Barbier

Die literarische und die filmische Fassung der Geschichte sind sehr verschieden. Und wenn man sie miteinander vergleicht, wird auch klar, warum. In der ursprünglichen Fassung ging es um einen Hitzkopf namens Spoccia, den Leiter der kommunistischen Zelle von Molinetto. In dem Dreiteiler »Die Angst« wird vor den Augen seines Sohnes und seiner Frau der Kommunistengegner Antonio Prizzi erschossen. Es war klar, dass es ein »Genosse« gewesen war, doch wer? Niemand weiß es, außer den beiden Zeugen. Frau und Sohn glauben die Kommunisten genug eingeschüchtert zu haben, aber wird der Priester etwas mit dem Beichtgeheimnis anfangen? Spoccia, der Barbier, brüllt angeberisch heraus, er würde zu gerne den Don Camillo zum Rasieren da haben, dann werde er schon dafür sorgen, dass der Pfaffe schweigt. Prompt erscheint Don Camillo und lässt sich von Spoccia rasieren, dessen Hand vor Nervosität, Wut und Aufregung zittert. Jesus rügt Don Camillo für diese Provokation schwer. Dann wird auf den Priester ein Attentat verübt, das nur durch das Eingreifen von Peppone und Jesus vereitelt werden kann. Spoccia selbst war der Mörder Prizzis und glaubte, Don Camillo, der in Wirklichkeit gar keine Ahnung hatte, hätte ihn herausfordern

wollen. Grausam genug: Als Spoccia versucht, die beiden Zeugen seiner Tat zu beseitigen, erschießt ihn Prizzis Sohn mit dem Gewehr seines Vaters. Don Camillo und Peppone kommen zu spät, um die Tat zu verhindern.

In die fröhlichen Filme passt das natürlich nicht. Hier wird die Barbiergeschichte in den lustigen Schelmenstreich eingearbeitet, dass Don Camillo einen Brief von der kommunistischen Partei fälschte, in welchem er Peppone als Arbeiter nach Russland beorderte.

Brusco, der Dorfbarbier, einer von Peppones Getreuen, etwas grob, aber im Grunde doch eine gute Seele, verkündete daraufhin lautstark, dass er jedem die Kehle durchschneiden würde, der jetzt immer noch Lügen über das glorreiche Russland verbreiten würde. Prompt erscheint Don Camillo bei ihm und lässt sich rasieren. Peppone ist mit von der Partie und es kommt zu Don Camillos unsterblicher Aussage: »Ich weiß über Russland nur, dass dort nicht der Himmel ist, von dem deine Zeitungen schreiben. Aber ich hoffe für dich, dass dort auch nicht die Hölle ist, von der meine Zeitungen schreiben.«

Aus Peppones Gewissensnot befreit ihn übrigens ein weiterer ominöser Brief der Bezirksabteilung mit dem Hinweis, seine Anwesenheit im Reich der Werktätigen sei nicht mehr erforderlich. Offensichtlich hatte Don Camillo ein Einsehen und noch einen Bogen Briefpapier der KPI.

Seite 192/193: Auch das scharfe Rasiermesser von Brusco beeindruckt Don Camillo keineswegs.
Oben: Die journalistische Führungselite, links oben im Bild Guareschi, der spätere Chefredakteur des Candido.

Guareschi und der gesellschaftliche Wandel

Bei der Führung bleiben unsere Blicke an dem berühmten Redaktionsfoto des *Bertoldo* in Mailand hängen. Es zeigt nicht weniger als die intellektuelle Spitze der Journalisten in Italien. Alberto Guareschi berichtet, dass »alle diese Personen eine grandiose Karriere gemacht haben«. Vergleiche mit dem renommierten literarisch-intellektuellen Magazin *New Yorker* sind berechtigt und oft gezogen worden. Der *Candido* mit seinem Chefredakteur Giovannino Guareschi erwies sich nach dem Krieg als ein mehr als würdiger Nachfolger.

Der Schriftsteller musste sich neu orientieren. Er war dafür sogar in das verhasste Deutschland gefahren, zurück an die Stelle, wo einstmals das Lager gewesen war, in dem man ihn inhaftiert hatte. Die Reise änderte einiges in ihm, auch weil er Repräsentanten des neuen Deutschlands traf.

So schrieb er nur noch einzelne politische Artikel, aber seine Einstellung der 1950er Jahre wurde in den heranbrechenden 60er Jahren immer mehr angegriffen. Als »reaktionär« erschienen seine Ansichten der sich anbahnenden 68er-Generation, teilweise wurde er sogar als

»faschistisch« verunglimpft. Das hatte Guareschi nun wirklich nicht verdient, wenngleich dieses Schimpfwort seinerzeit recht gern und schnell und unüberlegt in polemischen Auseinandersetzungen in den Mund genommen wurde. Entsprechend verbittert wirkt auch das Vorwort zu »Genosse Don Camillo«, einer ab 1960 im *Candido* erscheinenden Serie von Geschichten aus der Kleinen Welt, die gar nicht dort spielen, sondern zum großen Teil in Russland. Dafür zeichnete Guareschi auch eine Karikatur, die ein Floß zeigt, auf dem ein Engelchen, ein Teufelchen, ein Fahrrad und – Guareschi selbst – sitzen. Im Hintergrund geht ein Schiff unter – für Guareschi ist es das alte Italien. Kaum war der Abdruck von »Genosse Don Camillo« beendet, stellte der *Candido* am 22.Oktober 1961 sein Erscheinen ein. Guareschi arbeitete weiter für die Zeitungen *Oggi* und *La Notte*, aber diese fanden kaum noch Beachtung.

Im Jahr 1964 war Guareschi mit dem Skript für den fünften Don-Camillo-Film, »Genosse Don Camillo«, beschäftigt, der aber die Grundaussage seines Buches auf den Kopf stellt. Das Buch verurteilt eindeutig die Sowjetunion unter Stalin als Unrechtsregime und lässt Don Camillos Unternehmung, sich als angeblicher Kommunist in Peppones Reisegruppe einzuschmuggeln, als lebensgefährlich erscheinen. Im Film ist das nichts anderes als ein Schelmenstreich, von vornherein den Sowjetbehörden bekannt und von ihnen geduldet. Im

Film ist der sowjetische Aufpasser ein gutmütiger väterlicher Beschützer, im Buch ein gefährlicher Beamter der politischen Polizei. Der Film »Genosse Don Camillo« wurde kein besonderer Publikumserfolg, die Kritik reagierte abweisend.

Auch gesundheitlich ging es Guareschi immer schlechter. Im Juli 1962 erlitt er einen Herzinfarkt. Die langen Jahre der rastlosen, unsteten Tätigkeit, sein aufbrausendes Temperament und der Kummer forderten ihren Tribut. Spätfolgen des Lagerlebens machten sich bemerkbar. Guareschi ging in die Schweiz, um sich einer Kur zu unterziehen, aber diese schlug nur bedingt an. Zu tief waren die Wunden. 1966 erschien das letzte Buch der Kleinen Welt. Es trägt den Originaltitel »Don Camillo e i giovani d'oggi«, eigentlich »Don Camillo und die Kinder von heute« (dt. »Don Camillo und die Rothaarige«). Aber der Titel wurde verhunzt. Rizzoli selbst nannte das Buch »Don Camillo e Don Chichi« und machte es damit zu einer kirchlichen Auseinandersetzung. Im Englischen heißt das Buch sogar »Don Camillo meets Hell's Angels«. Es stellt Guareschis Versuch dar, mit den veränderten Gegebenheiten fertig zu werden. Eine rothaarige »Rockerin« namens Cat fällt mit ihrer Bande in Don Camillos kleine Welt ein. Nach vielen Wirrungen wird sie in das moralische System eingegliedert und heiratet, züchtig in Weiß, ausgerechnet Peppones ältesten Sohn. Währenddessen hat auch Don Camillo sich mit dem modernistischen Don Chichi arrangiert, der ihm vorschreiben will, wie eine Kirche nach dem Zweiten Vatikanischen Konzil zu führen sei.

In der Zeit des Generationskonfliktes und der Proteste gegen das Establishment wurde das Buch natürlich verrissen. Nichts hätte mehr gegen den Zeitgeist sein können. Die Kritiken waren zum Teil vernichtend, und kaum jemand verzichtete darauf, gleich auch noch den Autor persönlich anzugreifen. Dies trug nicht zur Besserung von Guareschis angeschlagener Gesundheit bei. Im Gegenteil. Am 22. Juli 1968 erlitt er in Cervia einen zweiten Herzinfarkt. Noch am gleichen Tag verstarb der große Humorist, Journalist und Autor. Sein Grab findet man unweit seines Hauses auf dem Friedhof von Roncole Verdi. Der Platz vor der Kirche trägt heute seinen Namen: Piazza Giovanni Guareschi.

Die Nachrufe auf Guareschi waren zum Teil wenig schmeichelhaft. Man maß ihn zu sehr nach seinen letzten Jahren und sah in seinem Beharren auf alten Werten bestenfalls eine Art gemütliche Unbelehrbarkeit. Seine literarischen Figuren jedoch leben weiter. Das Drehbuch für einen sechsten Film nach Motiven von »Don Camillo und die Rothaarige« hatte er bereits begonnen. Die Dreharbeiten starteten nach Guareschis Tod, aber dann verstarben zunächst Fernandel und dann Gino Cervi. Die Dreharbeiten wurden abgebrochen. Anfang der 1970er Jahre wurde das Projekt mit neuen Darstellern und neuen Drehorten wieder aufgenommen und zu Ende geführt. Ebenso wurde zu Beginn der 1980er ein Remake des ersten Films durch Mario Girotti, besser bekannt als Terence Hill, versucht. Die englische *BBC* produzierte eine kleine Fernsehreihe und später eine Hörspielserie. Aber alle diese Produktionen konnten nie den Erfolg der ersten Filme wiederholen.

Nachbars Rezepte in

FOTOGRAFIERT IM HOF DES EHEMALIGEN

REZEPTE NACH CARDUCCIO PEDRETTI

Guareschis Garten

RISTORANTE GUARESCHI

Torta fritta con porchetta

FRITTIERTES SCHMALZGEBÄCK
MIT SPANFERKEL

*In Modena ist dieses pikante Gebäck als Gnoccho fritto bekannt,
und von den Bolognesern wird es Crescenti genannt.*

*Für den Teig: Die Zutaten in der Küchenmaschine mischen, bis
ein glatter Teig entstanden ist. Den Teig zu einer Kugel formen
und, mit feuchtem Küchentuch abgedeckt, 2 Stunden gehen lassen.
Den Teig auf einer bemehlten Unterlage 3 bis 4 mm dick
ausrollen und mit dem Teigrädchen in 7 x 10 cm große Recht-
ecke schneiden. Die Teigstücke portionsweise in heißem Öl oder
Schweineschmalz ausbacken. Auf Küchenpapier abtropfen lassen.
Die Porchetta mit der noch heißen Torta fritta servieren.*

*Der Teig für die Torta fritta war schon im Mittelalter am Hof der
Farnese in Parma unter dem Namen »Pasta la vento« (Windteig)
bekannt, weil sich die Teigstücke während des Frittierens in kleine
Luftkissen verwandelten.*

*Porchetta ist ein kalter Spanferkelrollbraten, der mit grob ge-
hacktem Speck oder Schinken, Schweinefleisch, Salbei, Rosmarin,
Knoblauch, Lorbeerblättern und Pfefferkörnern gefüllt ist.
Die »echte« Porchetta wird über Wacholderholz gegrillt.*

FÜR DEN TEIG:

1 KG MEHL

60 G BIERHEFE

2 KARTOFFELN, GERIEBEN

100 ML MILCH

1 EI

2 EL OLIVENÖL

MEHL FÜR DIE ARBEITSFLÄCHE

ÖL ODER SCHWEINESCHMALZ
ZUM AUSBACKEN

400 G PORCHETTA,
HAUCHDÜNN GESCHNITTEN

Tagliatelle alla Strepponi

TAGLIATELLE NACH STREPPONI-ART

FÜR 6 PERSONEN

FÜR DIE PASTA:

500 G MEHL

4 EIER

1 PRISE SALZ

MEHL FÜR DIE ARBEITSFLÄCHE

FÜR DIE SAUCE:

1 EL OLIVENÖL

200 G PANCETTA
(SCHWEINEBAUCH,
MEIST GERÄUCHERT),
IN WÜRFEL GESCHNITTEN

1 SALAMINO,
IN WÜRFEL GESCHNITTEN

1 KLEINE ZWIEBEL,
IN WÜRFEL GESCHNITTEN

100 ML WEISSWEIN

200 G TOMATEN AUS DER DOSE

SALZ, PFEFFER

CHILI (PULVER ODER GEREBELT)

PARMESAN, FRISCH GERIEBEN,
ZUM BESTREUEN

Für die Pasta: Alle Zutaten zu einem glatten, geschmeidigen Teig kneten. Mit einem Küchentuch bedeckt 30 Minuten ruhen lassen. Den Teig auf einer bemehlten Arbeitsfläche dünn ausrollen und in 5 bis 10 mm breite Streifen (Tagliatelle) schneiden.

Für die Sauce: Öl in einer Pfanne erhitzen. Pancetta, Salami und Zwiebeln hinzufügen und unter ständigem Rühren braten, bis der Pancetta beginnt, kross zu werden. Den Wein zugießen und weitgehend verdampfen lassen. Die Tomaten hinzufügen. Mit Salz, Pfeffer und Chili abschmecken und das Ganze 30 Minuten schmoren lassen.

Die Tagliatelle in reichlich Salzwasser al dente kochen. Abgießen und in die Sauce geben. Alles gut mischen. Mit reichlich Parmesan bestreut servieren.

Salamino ist die kleine, kurze italienische luftgetrocknete Salami aus Schweinefleisch.

Pisarei e fasò

MEHLKLÖSSCHEN MIT BOHNEN

FÜR 4 PERSONEN

Für die Klößchen: Die Semmelbrösel zum Einweichen mit etwas kochendem Wasser übergießen. Abkühlen lassen, dann das Mehl und Salz hinzufügen. Alles gründlich mischen und zu einem glatten Teig kneten. Aus dem Teig kleine Kugeln mit etwa 2 cm Durchmesser formen. Mit dem Daumen in die Mitte jedes Klößchens (Pisareo) eine Delle drücken. Die Klößchen auf eine bemehlte Arbeitsfläche (oder ein bemehltes Brett oder Blech) setzen und 30 Minuten trocknen lassen.

Für die Sauce: Öl in einer Pfanne erhitzen und die Zwiebeln darin glasig braten. Die Tomaten hinzufügen und zum Kochen bringen. Die Hitze verringern und die Bohnen zugeben. Mit Salz abschmecken und das Ganze etwa 1 Stunde köcheln lassen, bis die Bohnen weich sind. Bei Bedarf Wasser zugießen, damit nichts anbrennt!

Die Klößchen (Pisarei) in reichlich Salzwasser garen, bis sie an die Oberfläche kommen. Mit dem Schaumlöffel herausnehmen und in die Sauce geben. Alles gut mischen und mit reichlich Parmesan bestreut servieren.

FÜR DIE KLÖSSCHEN:

400 G SEMMELBRÖSEL

200 G MEHL

1 MESSERSPITZE SALZ

MEHL FÜR DIE ARBEITSFLÄCHE

FÜR DIE SAUCE:

2 EL OLIVENÖL

1 KLEINE ZWIEBEL

250 G PASSIERTE TOMATEN

150 G BORLOTTI-BOHNEN (WEICH KOCHENDE ITALIENISCHE SORTE, DIE BOHNENKERNE SIND RÖTLICH BZW. BRÄUNLICH GESPRENKELT)

SALZ

PARMESAN, FRISCH GERIEBEN, ZUM BESTREUEN

Filetto di maiale alle mele

SCHWEINEFILET MIT ÄPFELN

FÜR 4 PERSONEN

40 G BUTTER

8 SCHWEINEFILETS,
GEWICHT JEWEILS 70–80 G

100 ML ROTWEIN

2 EL WEINESSIG

SALZ

PFEFFER

1 EL TOMATENMARK

2 ÄPFEL
(GOLDEN DELICIOUS),
GESCHÄLT,
GEHÄUSE AUSGESTOCHEN,
IN DÜNNE SCHEIBEN
GESCHNITTEN

Die Butter in einer Pfanne erhitzen und die Filets bei starker Hitze bräunen – auf jeder Seite 1 Minute. Wein und Essig zugießen. Mit Salz und Pfeffer abschmecken und das Tomatenmark zugeben. Das Ganze 3 bis 5 Minuten garen, bis die Filets durch sind.

Das Fleisch herausnehmen und auf einer Servierplatte anrichten (mit Alufolie abdecken).

Die Äpfel 1 bis 2 Minuten zum Erwärmen in die Sauce geben. Herausnehmen und zu den Filets legen.

Die Sauce zügig reduzieren und über die Filets gießen.

Für dieses Rezept nur unbehandelte Äpfel mit Schale verwenden, diese aber gründlich waschen.

Cotiche di maiale con fagioli

SCHWEINESCHWARTE MIT BOHNEN

FÜR 4 PERSONEN

Die Schweineschwarte wird in der Regel borstenfrei verkauft. Befinden sich dennoch Borsten darauf, die Schwarte über eine hohe Flamme halten, um die restlichen Borsten abzuflämmen. Das Fett von der Innenseite der Schwarte abkratzen und die Schwarte in feine, 5 bis 6 cm lange Streifen schneiden.

Öl in einer großen Pfanne erhitzen. Zwiebeln, Knoblauch, Butter, Schmalz und Salbeiblätter zugeben und unter ständigem Rühren braten, bis die Zwiebeln leicht gebräunt sind. Tomaten und die Petersilie hinzufügen. Mit Salz und Pfeffer abschmecken. Das Ganze bei mittlerer Hitze mit einem Holzlöffel 5 Minuten rühren, dann die Hitze erhöhen.

Den Wein zugießen und weitgehend verdampfen lassen.

Die Hitze verringern und die Bohnen sowie die Schwartenstreifen zugeben und alles mit Wasser bedecken. Das Ganze zum Kochen bringen (eventuell noch einmal mit Salz abschmecken) und etwa 2 Stunden köcheln lassen. Zwischendurch immer wieder mit einem Holzlöffel umrühren. Bei Bedarf Wasser nachgießen, damit nichts anbrennt.

Das Gericht sehr heiß servieren.

300 G SCHWEINESCHWARTE

4 EL NATIVES OLIVENÖL EXTRA

1 ZWIEBEL, GEWÜRFELT

1 KNOBLAUCHZEHE, ZERDRÜCKT

30 G BUTTER

50 G SCHWEINESCHMALZ

5 FRISCHE SALBEIBLÄTTER

150 G TOMATEN AUS DER DOSE

1/2 EL GEHACKTE PETERSILIE

SALZ

PFEFFER

200 ML TROCKENER WEISSWEIN

350 G BORLOTTI-BOHNEN (WEICH KOCHENDE ITALIENISCHE SORTE, DIE BOHNENKERNE SIND RÖTLICH BZW. BRÄUNLICH GESPRENKELT)

Unser täglich Pasta gib uns heute

Wir verlassen Brescello in Richtung Parma. Nun müssen wir noch die Eisenbahn überqueren und schon sind wir wieder mitten zwischen den schier endlosen Feldern von Kirschtomaten, Mais, Getreide und Futter für die Kühe. Dazwischen finden wir die für diese Gegend so typischen Pappelhaine, die bei der sengenden Hitze Schatten spenden. Ihre exakt abgezirkelte Pflanzung im rechten Winkel spielt dem Auge des Vorbeifahrenden einen Streich, und er fühlt sich versetzt in die Stummfilmzeit, als die Bilder laufen lernten. So lassen die Baumreihen Bild für Bild, Reihe für Reihe einen immer kleinen Durchblick zur Landschaft hinter dem Wäldchen zu, als sei sie aus einer anderen Welt jenseits unserer realen. Ein Schild weist uns den Weg nach Lentigione, und wir fahren auf einer kleinen Straße durch Äcker und Felder, nur ab und zu ein Feldweg links oder rechts, und immer wieder mittendrin alte Bauerhöfe, viele verlassen, die meisten schon zu Ruinen verfallen. Das sind die Original-Kulissen für die unvergesslichen Don-Camillo-Filme.

Wir halten einen riesigen Traktor an, um nach dem Weg zu fragen, und der sehr freundliche Landarbeiter ist hellauf begeistert, als wir nach Don Camillo fragen. Er deutet zu einem ver-

lassenen Hof mitten im Feld gegenüber und
erklärt uns, das sei der Hof, wo der Panzer versteckt war … Auch er habe damals beim Film
als Komparse gearbeitet und kenne noch viele
Geschichten, aber leider müsse er jetzt weiter
zur Arbeit. Ob das Vehikel, das wir vor dem
Museum in Brescello vorgefunden haben, tatsächlich der Panzer aus dem Film ist, darf
bezweifelt werden; auf jeden Fall ist sicher, dass
wir schon wieder mittendrin sind in einer der
Geschichten, die sich nur Guareschi so aus-
denken konnte.

Der Bauer Dorini versteckte auf seinem Gut einen
– vermeintlich deutschen – Panzer, tatsächlich war es
ein amerikanisches Modell.
Heute liegt der »Panzerhof« völlig verlassen als Ruine
innmitten von Feldern.

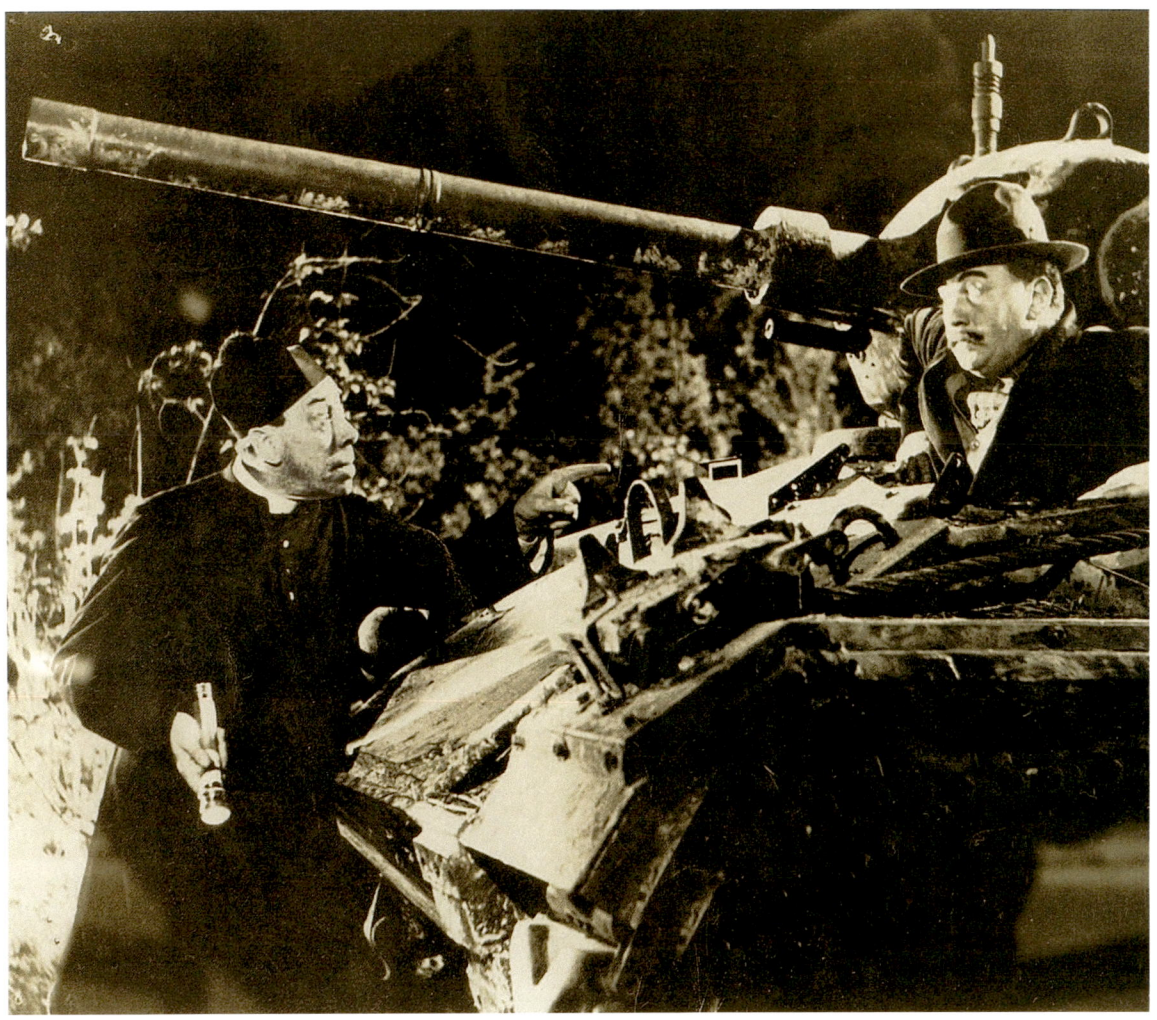

Der Panzer

»Italien ist ein Hafen am Meer. Alle kommen und alle gehen. Woher soll man wissen, wer kommt und wer geht?«, fragt Peppone. Der Grund: Er hat die abziehenden Deutschen mit den anrückenden Amerikanern verwechselt. In den letzten Kriegstagen nämlich, so beichtet ein kommunistischer Bauer dem Dorfpfarrer, sei eine Abteilung Deutscher an seinem Hof vorbeigekommen. Einer der Panzer habe direkt vor dem Bauernhof den Geist aufgegeben.

Da man ihn nicht reparieren konnte, habe sich die Besatzung bei ihm einquartiert und immerfort Wein getrunken. Als eine zweite Abteilung Soldaten vorbeikam, habe man die inzwischen sturzbetrunkene Panzerbesatzung zwar mit Wein, aber ohne ihr Fahrzeug entlassen. Und so seien die Kommunisten in den Besitz eines alten deutschen Panzers gekommen …

Die Brisanz dieser eigentlich urkomischen Geschichte wird erst klar, wenn man sich vergegenwärtigt, dass die Kommunisten (und auch einige andere Gruppen) in den 50er Jahren

*In den Geschichten der Kleinen Welt gehört das
Gut »La Grande« dem alten und herrischen Pasotti.
Zu dem großen Landgut, auf dem damals gedreht
wurde, führt eine imposante Auffahrtsallee.
In Wirklichkeit heißt es »Corte San Giorgio«.*

durchaus ernsthaft die »große Revolution«
erwarteten. Das hätte bedeutet, mit Waffen-
gewalt gegen die »Reaktionäre« kämpfen zu
müssen, bis die Revolution siegreich über
Westeuropa hinweggefegt wäre. So konnte man
damals gut lachen über die Requirierung des
Panzers und sich doch gleichzeitig ein wenig
gruseln über so viel kommunistische Zielstre-
bigkeit. Aber zu einer Zeit der Entspannung
passt kein Panzer und muss also verschwinden.
So kommt es zu der Lausbuben-Aktion von
Don Camillo und Peppone, die den Panzer in
einem alten Sumpfgelände halb versenken.

Die Entdeckung, dass es am Ende gar kein
deutscher Panzer, sondern ein amerikanischer
war, hat die Museumsleitung von Brescello
wohl dazu angeregt, sich selbst ein solches
Monstrum zuzulegen. Den Eingang des
»Museo Peppone e Don Camillo« in Brescello
bewacht ein alter Schrotthaufen vom Typ »M41
Walker Bulldog«. Dieser Panzer ist anachro-
nistisch, denn er stammt aus dem Korea-
Krieg, ist also rund zehn Jahre zu jung, um ein
Panzer aus dem Zweiten Weltkrieg zu sein. Aber
wie sagt Don Camillo so schön: »Auf dem
Priesterseminar werden uns solche Dinge
nicht beigebracht.«

Ein freundliches *Arrivederci* zum Abschied,
und der nette Mann donnert mit seinem Ungetüm an Traktor von dannen. Wir halten uns
links und sind am Ziel unserer Suche ange-
langt: *Corte San Giorgio*. Es ist ein großes Landgut, und die Einfahrt ist dicht überwuchert
von wildem Wein. Die Auffahrtsallee ist ge-
säumt von wunderschönen lila blühenden
Bäumen und leitet uns direkt zu dem Anwesen.
Überall Filmplätze: die Getreidesilos, die
Kapelle und – ganz besonders interessant – die
Stallungen, unser eigentliches Ziel. Wir kommen mit Signore Artemio ins Gespräch und er
führt uns bereitwillig durch das Anwesen.

Natürlich war er damals auch dabei, als die Filmleute kamen und hier gedreht haben. Er kann sich noch gut erinnern, ja, *La Stalla*, den Stall, gibt es heute noch, und er sieht auch noch genauso aus wie damals …

Der Landarbeiterstreik

Vielleicht ist dies eine der typischsten Guareschi-Geschichten überhaupt. Es war seine feste Überzeugung, dass der Kommunismus, wenn überhaupt, nur in der Stadt etwas tauge. Auf dem Land jedoch versage er völlig. »In der Stadt startet man nach einem Streik die Maschinen neu. Ist eine Kuh aber erst einmal tot, kannst du sie nicht wieder anwerfen!«, doziert Don Camillo.

Der Streik, von dem die Rede ist, brach aus, weil sich die Großgrundbesitzer wieder einmal weigerten, Geld für ein Gemeindeprojekt zu zahlen. Und so griff man zu dem Kampfmittel der werktätigen Bevölkerung schlechthin: dem Generalstreik. Den schönsten Kuh-

Zu »La Grande« gehörten eine Dampfkäserei, ein Obstgarten und ein Stall mit 100 Kühen. In »Corte San Giorgio« steht vor den Wirtschaftsgebäuden und Wohnhäusern die Hauskapelle mit Glockenturm.

stall weit und breit hatte der alte Filotti. (Im Buch heißt der Bauer »Pasotti« und der Gutshof »La Grande« und hat nichts mit der Gina-Mariolino-Liebesgeschichte zu tun.) Natürlich wollen die Kühe versorgt werden und brüllen sich nach einigen Tagen die Kehlen heiser. Das Ganze regt die Seele Don Camillos ungeheuer auf. Einige der wenigen Informationen, die wir überhaupt über des Priesters Hintergrund erhalten, ist die, dass er aus einer Bauernfamilie stammt. Und das Bauernblut in seinen Adern kocht – ganz zu schweigen von dem Blut des Halbschwergewichtlers! Also macht sich Don Camillo, bewaffnet mit einer alten Beretta Automatik .38 auf, im Kuhstall einen »Schlichtungsversuch« zu unternehmen. Vergessen wir nicht, dass diese Geschichte noch in die Frühzeit der Episoden von Don Camillo und Peppone gehört und damit in einer brandgefährlichen Epoche spielt. So ungefährlich war es für

einen Priester nämlich nicht, sich mitten unter bewaffnete kommunistische Streikposten zu begeben. Und wer die Originalfassung des Films sieht, wird bemerken, dass die Kommunisten begeistert »Bandiera Rossa« singen – die »Rote Fahne«, ein Kampflied, für das noch heute in Italien manche Kapellen an manchen Orten Auftrittsverbot erhalten. In der deutschen Fassung singt man eher beschaulich die historisch harmlose »Internationale«. Da stand Don Camillo nun, und – natürlich – tauchte Peppone auf. Das ideologische Hin und Her beendete der Priester mit einem beherzten Marsch in den Kuhstall. Dort begann dann die schwerste Nachtschicht der Weltgeschichte, weil die Kühe gemolken und gefüttert werden mussten. Nebenbei brachte man ein Kalb zur Welt. (Regisseur Julien Duvivier drehte auch diese Geburt. Aber die Szenen fielen für den damaligen Geschmack zu realistisch aus und wurden wieder entfernt. Geblieben ist nur die Einstellung, in der ein Kälbchen zufrieden an einer Milchflasche nuckelt.) Die am nächsten

Morgen herrschende Stille macht Bauer Pasotti Angst. Er glaubt, alle seine Kühe tot, und gibt nach, um nicht noch mehr zu verlieren. Filotti im Film verlangt trotzig nach Desinfektionsmitteln, weil er den Kampf fortführen will. Doch auch er unterliegt schließlich.

DON CAMILLO

offenbart sich ein reizvolles Gut mit vielen Bäumen, einem respektablen Herrenhaus und einigen Gesindehäusern. Artemio lädt uns ein, noch einen Blick in die Hauskapelle zu werfen (Sie finden ein Foto davon auf Seite 218). Gleich umfängt uns die angenehme Kühle und Ruhe des Raumes, es riecht leicht modrig, vermischt mit Weihrauch, und durch die bunten Glasfenster fällt gleißendes Licht, wie nicht von dieser Welt. Entspannt verweilen wir einige Minuten in dem heiligen Raum. Artemio macht sich noch für ein Abschiedsfoto schön, und postiert sich samt seinem »Wachhund«, der uns bei der Ankunft kräftig verbellt hatte, neben einem alten Heuwender.

Seite 220/221: Don Camillos Liebe zu allen Geschöpfen, auch den Tieren, treibt ihn in Pasottis Kuhstall und lässt Peppone selbst zum Streikbrecher des eigenen Streiks werden. Die Menschlichkeit hat wieder einmal über die starre Doktrin gesiegt.
Der Kuhstall heute lässt die Erinnerungen an diese wundervollen Szenen wiederaufleben. Signore Artemio zeigte uns die Drehorte auf dem Hof.

Heute stehen im selben Stall schwarz-weiß gescheckte Kühe – die damaligen waren braun. Zum Filmen wurden die Wände und Decken im Stall damals wegen des Filmlichts frisch gestrichen, inzwischen haben sich Decke und Wände dem allgemein bekannten braun gesprenkelten Kuhstalldesign angeglichen.

Da die Filmszenen damals bei Nacht gedreht wurden, hat man wenig von den anderen Gebäuden und der Umgebung gesehen. Tagsüber

Wir verlassen den Gutshof und suchen in der Umgebung nach einem netten Plätzchen zum Mittagessen. Ein paar Kilometer weiter machen wir eine ganz besondere Entdeckung:

»La Tavernetta del Lupo« in Sorbolo Levante

Hinter dem Namen verbirgt sich auch noch ein gemütliches *Albergo*, von der Mama betreut, und ein wohl sortierter Weinkeller, liebevoll gepflegt von Lorenzo und Raffaella Codeluppi, die sich auch um das »Ristorante der Überraschungen« kümmern. 1968 wurde das Ristorante von Lorenzos Vater gegründet. Seit dem Jahre 1984 bewirtschaften die beiden mit Engagement und viel Herz das Restaurant. Man spürt die Liebe zu ihrem Restaurant und die Neugierde nach neuen Rezepten und Variationen in ihrer Küche.

Für Lorenzo und Raffaella ist die Verwendung einheimischer Produkte ein absolutes Muss. Aus dem Kräutergarten hinter dem Haus oder von befreundeten Gemüsebauern kommen nur erstklassige, biologisch erzeugte Lebensmittel in die Küche und auf die fein dekorierten Teller der Gäste. Lorenzo hat die Kochkunst von seinem Vater gelernt, und heute gelingt ihm das Kunststück, moderne Kreationen mit

Eine verlockende Dessert-Kreation von Lorenzo Codeluppi: »Bavarese di zabaione« (Rezept auf Seite 241). Drei verschiedene Sorten von Radicchio wachsen im Gemüsegarten hinter dem Restaurant – jede hat ihr eigenes Aroma.

traditionellen Methoden zu schaffen. Eine spezielle Salami, in der auch Teile des *Culatello* mitverwendet werden, ist seine Entdeckung in diesem Jahr. Dort, wo diese Salami hergestellt wird, gibt es sehr kalte Winter, und die Salamiwürste haben einen perfekten Keller zur Reifung. Diese Spezialität steht schon auf der Speisekarte und erfreut sich großer Beliebtheit bei den kritischen Kunden.

Der Ort Sorbolo Levante liegt in einem Dreieck aus drei verschiedenen Küchen: Modena, Reggio und Parma. Die Gäste kommen aus allen drei Provinzen und haben alle ihre individuellen Vorstellungen, »wie die Küche zu sein hat«. Es ist nicht einfach, all die anspruchsvollen Feinschmecker zufrieden zu stellen. Deshalb kombiniert Lorenzo mit viel Erfolg eigene Kreationen mit geschmacklichen Zitaten der Provinzen.

Bei einem Abendessen in seinem Ristorante kommentiert der Chef des Hauses seine Kreationen, empfiehlt, kennt mit schlafwandlerischer Sicherheit den passenden Wein dazu und führt seine Gäste weiter zu seltenen Käse-

sorten oder einer süßen Nachspeise. Damit nicht genug: Die Bestellung eines ordinären Grappa entlockt ihm nur ein mildes Stirnrunzeln, und er erkundet erst einmal die grobe Geschmacksrichtung: traditionell robust oder weich aromatisch oder ein im Barrique gereifter Grappa. Er präsentiert eine Unzahl verlockender Destillate, die er bei befreundeten Winzern einkauft, die diese göttlichen Tropfen in Kleinstmengen produzieren und die selbst in den nobelsten Delikatessenläden nicht zu haben sind. Hat Lorenzo das Interesse seiner Gäste erst geweckt, kann er stundenlang über Essen, Rezepte, Käse, Wein, Zutaten, Gewürze, bis hin zu unsinnigen EU-Bestimmungen für Lebensmittel und industriell erzeugte Un-Essbarkeiten, einen kulinarischen Schnellkurs auf höchstem Niveau aus dem Stegreif, abliefern. Immer wieder zaubert er Anekdoten über das Essen aus seiner magischen Kochmütze. Radicchio bewegt ihn zu einer längeren Ausführung über diese Pflanze. Unsereiner hat da nur die beiden violetten Formen, die auch in unseren Gemüseläden erhältlich sind, im Kopf: den »normalen« runden und den länglichen *Trevisan*, der gegrillt zur Delikatesse wird. Lorenzo kennt mindestens fünf weitere Sorten, die er auch sofort aus der Küche holt, und zu unserer Überraschung sind das grüne Blätter, die eher wie Löwenzahn aussehen, ein jedes schmeckt anders und hat verschiedene Einsatzgebiete in seiner Küche. Er erzählt uns von befreundeten Winzern, die zu ihrem Vergnügen herrliche Likörweine erzeugen, und er

versucht immer, eine kleine Menge für seine Gäste zu bekommen. Wir verkosten drei davon – einer köstlicher als der andere. Ein weißer 98er *Maximo* aus den Marken, den roten *Lancelotta* der Gebrüder Caprari und einen köstlich fruchtigen Muskateller. Diese Lektion saß. Unser Wissen über Likörweine bestand nur aus dem Vorurteil, dass sie hauptsächlich nachmittäglich von alten Herrschaften geschlürft werden. Dezent gekühlt, sind diese Dessertweine zur Abrundung eines Menüs ein geschmackliches Erlebnis.

Mit Besorgnis wird auch hier im *Ventre d'Italia* die zunehmende Industrialisierung der Lebensmittel wahrgenommen. Lorenzo und Raffaella Codeluppi sind kritische Beobachter dieser fatalen Entwicklung, die »eine direkte Folge der gesellschaftlichen Entwicklung der westlichen Staaten und des Kapitalismus ist«. Der Geist Guareschis lebt! Ob das ein Kampf gegen Windmühlen ist oder ob sich die Menschheit wieder auf die Langsamkeit besinnen wird, wird sich zeigen. Die Tendenz, die alten Traditionen wieder zu beleben, haben wir in der Bassa ganz besonders kennen gelernt. Undogmatisch wird die Kunst des Kochens und des Essens gepflegt und ist immer Gesprächsthema, sowohl bei Frauen als auch bei Männern, gleich welchen Alters.
In einer Trattoria konnten wir am Nebentisch ein angeregtes Gespräch von fünf Männern verfolgen, die sich eindringlich über die Zutaten ihres Gerichtes – es waren *Tortelli di*

zucca – unterhielten. Einer hielt die Zugabe der Amaretti für entbehrlich, dem anderen konnte gar nicht genug davon drin sein, und der Dritte hat das Rezept der Großmutter, die Semmelbrösel verwendete, als kulinarischen Beweis in die Diskussion geworfen, die schnell wieder abebbte, als die *Tortelli* serviert wurden und einhellig die Qualität der Pasta, so wie der Wirt sie zubereitet hatte, gelobt wurde.

In Mantua, in der Lombardei gelegen, wird im Übrigen die Füllung aus Kürbisfleisch mit *Saba* oder *Sapa*, einem Sirup aus eingekochtem weißem Traubenmost, gewürzt. Auch im heißen Sommer der Bassa, mit Wasser verdünnt, ein exzellenter Durstlöscher. Fein zerstoßene Amarettini und gehackte Senffrüchte aus Cremona runden den leicht süßlichen Geschmack ab.

Nach dem Kochen werden die *Tortelli* in geriebenen Amarettini und zerlassener Butter geschwenkt.

Wir vollenden unsere kulinarische Reise mit den die Regionen übergreifenden Rezepten aus der Küche von Lorenzo Codeluppi. Einige Klassiker der traditionellen emilianischen Küche – die den modernen Kreationen des jungen Küchenchefs in nichts nachstehen – runden die Rezepte um Don Camillo und Peppone ab.

1955 kam der dritte Film in die Kinos: Auf dem Filmplakat wird die »dritte Etappe einer außergewöhnlichen Geschichte« angepriesen: »Don Camillo und der ehrenvolle Peppone« war der italienische Titel, in Deutschland hieß er »Die große Schlacht des Don Camillo«.

Rezepte zwischen Tra

DIE KÜCHE DER DREI REGIONEN REGGIO,

NACH LORENZO CODELUPPI

dition und Kreation

PARMA UND MANTUA

Composto di coniglio
con pomodori, pinoli e timo

KANINCHENRAGOUT MIT TOMATEN, PINIENKERNEN UND THYMIAN

---

1 KANINCHENRÜCKEN
(SELLA DI CONIGLIO)
OHNE KNOCHEN

ÖL ZUM BRATEN

10 KIRSCHTOMATEN,
HALBIERT

60 G SCHWARZE OLIVEN,
OHNE STEIN, GEHACKT

SALZ

PFEFFER

20 G PINIENKERNE

THYMIAN

OLIVENÖL,
ZUM BETRÄUFELN

Den Kaninchenrücken waschen, gut abtrocknen und in kleine Stücke schneiden.

In einer Pfanne reichlich Öl erhitzen und die Kaninchenstücke anbraten. Die Kirschtomaten und die Oliven hinzufügen. Mit Salz und Pfeffer abschmecken. Die Pinienkerne und etwas Thymian hinzufügen.

Das Ganze auf einem bunten Salatbett anrichten und mit gutem Olivenöl beträufeln.

Ravioli di radicchio d'orto e Salamella

con pomodoro fresco e basilico

RAVIOLI MIT RADICCHIO, SALAMELLA UND TOMATEN-BASILIKUM-SAUCE

Für die Pasta: Das Mehl auf die Arbeitsfläche geben und in der Mitte eine Mulde formen. Die Eier und das Salz hinzufügen und das Ganze zu einem glatten Teig verkneten.
Den Teig dünn ausrollen. Auf die eine Hälfte im Abstand von etwa 2,5 cm kleine Mengen der Füllung setzen. Die zweite Hälfte des Teiges darüber klappen und die Ravioli ausschneiden und jeweils am Rand gut festdrücken.

Für die Füllung: Die Salamella mit den Händen zerkleinern. Radicchio und Zwiebel fein hacken und zusammen mit der Salamella in einer Pfanne anbraten. Honig und Sahne hinzufügen und gut verrühren. Zum Schluss den geriebenen Parmesan unterheben.

Für die Sauce: Die Tomaten mit kochend heißem Wasser übergießen und dann mit kaltem Wasser abschrecken. Die Haut abziehen, die Samen entfernen und das Fruchtfleisch in Würfel schneiden. Das Öl in einer Pfanne erhitzen. Die Tomaten, den zerkleinerten Knoblauch und einige Basilikumblätter hinzufügen und kurz schmoren. Mit Salz und Pfeffer abschmecken.

Die Ravioli in reichlich Salzwasser kochen, abgießen und mit der Soße servieren. Mit Basilikumblättern garnieren.

FÜR DIE PASTA:

500 G MEHL

5 EIER

SALZ

FÜR DIE FÜLLUNG:

300 G SALAMELLA-WURST

700 G GRÜNER RADICCHIO

1 ZWIEBEL

30 G HONIG

200 G SAHNE

20 G PARMESAN, GERIEBEN

FÜR DIE SAUCE:

5 GROSSE REIFE TOMATEN

1 EL OLIVENÖL

1 KNOBLAUCHZEHE

EINIGE BASILIKUMBLÄTTER

SALZ

PFEFFER

Gnocchetti di carote
con salsa al basilico, pinoli e Mimolette

KAROTTEN-GNOCCHETTI MIT EINER SAUCE AUS BASILIKUM, PINIENKERNEN UND MIMOLETTE

FÜR DIE GNOCCHI:

250 G KARTOFFELN

250 G KAROTTEN

SALZ

100 G MEHL

1 EI

FÜR DIE SAUCE:

500 G FRISCHES BASILIKUM

20 G PINIENKERNE

100 ML OLIVENÖL

SALZ

MIMOLETTE-KÄSE, GERIEBEN, NACH GESCHMACK

Für die Gnocchi: Die Kartoffeln in reichlich Salzwasser kochen, abgießen, abkühlen lassen und schälen. Die Karotten schälen und grob zerkleinern, in wenig Wasser garen und abgießen. Kartoffeln und Karotten im Mixer pürieren. Das Mehl auf die Arbeitsfläche geben und in der Mitte eine Mulde formen. Die pürierten Kartoffeln und Karotten, das Ei und etwas Salz hinzufügen und zu einer gleichmäßigen Masse verkneten. Den Teig zu 2 cm dicken Schnüren ausrollen und in ca. 2 cm lange Gnocchi schneiden. Jeden Gnocco quer auf die Zinken einer Gabel legen und mit dem Daumen leicht andrücken, sodass der Daumen eine kleine Mulde und die Gabel ein Streifenmuster hinterlässt.

Für die Sauce: Basilikum, Pinienkerne und die Hälfte des Öls in den Mixer geben und pürieren. Dabei das restliche Öl nach und nach zugeben, bis die Sauce sämig-dick ist. Mit Salz abschmecken.

Die Gnocchi in reichlich Salzwasser kochen, bis sie an der Oberfläche schwimmen. Abgießen und in eine Servierschüssel geben. Die Sauce vorsichtig unterheben und das Ganze mit geriebenem Mimolette bestreuen.

Filetto di puledro
con speck e porri stufati

FOHLENFILET MIT SPECK
UND LAUCHCREME

Für die Lauchcreme: Den Lauch in feine Ringe schneiden und in wenig Öl kurz anbraten. Mit Salz und Pfeffer abschmecken. Die Sahne hinzufügen und kurz einkochen lassen.

Für die Filets: Jede einzelne Filetscheibe mit einem Streifen Speck ummanteln und mit Küchengarn befestigen. Öl in einer Pfanne erhitzen und die Filets auf beiden Seiten scharf anbraten, bis sie durch sind.

Mit der Lauchcreme servieren.

Statt der Fohlenfilets kann man auch Schweinefilets verwenden. Sie kommen nach dem scharfen Anbraten noch 5 Minuten bei 200 °C (Gas Stufe 3) in den vorgeheizten Backofen.

FÜR DIE LAUCHCREME:

2 GROSSE STANGEN LAUCH

OLIVENÖL

SALZ

PFEFFER

200 G SAHNE

FÜR DIE FILETS:

4 FOHLENFILETS Á 200 G

4 STREIFEN SPECK,
2 BIS 3 MM DICK

OLIVENÖL

KÜCHENGARN

Quaglia al ramo
con dadolata di Guanciale
e Aceto Balsamico

ROSMARIN-WACHTELN

MIT SCHWEINEBACKE

UND ACETO BALSAMICO

---

4 KÜCHENFERTIGE WACHTELN

4 ROSMARINZWEIGE

2 KNOBLAUCHZEHEN,
FEIN GEHACKT

2 EL OLIVENÖL

8 DÜNNE SCHEIBEN
SCHWEINEBACKE,
KLEIN GEWÜRFELT

TROCKENER WEISSWEIN

ACETO BALSAMICO

Die Wachteln waschen, gut abtrocken und in Viertel schneiden. Auf jedes Viertel einen Rosmarinzweig legen. Den Backofen auf 150 °C (Gas Stufe 1) vorheizen.

Den Knoblauch fein hacken. Das Öl in einem Bräter erhitzen und den Knoblauch kurz anbraten. Die Wachtelstücke darauf betten. Mit Weißwein abgießen und die klein geschnittene Schweinsbacke hinzufügen. Das Ganze im vorgeheizten Backofen ca. 15 Minuten braten, bis die Wachteln gar sind.
Aus dem Backofen nehmen, mit Aceto Balsamico beträufeln und heiß servieren.

Zu den Wachteln passen ausgezeichnet Bratkartoffeln.

Bavarese di zabaione
e Moscato con purea di fragole

CREME AUS ZABAIONE
UND MUSKATELLER
MIT ERDBEERPÜREE

Für die Creme: Den Zucker in einer Schüssel im Wasserbad zusammen mit den Eigelben zu einer glatten Creme verrühren, den Muskateller hinzufügen und weiter verrühren. Die Gelatineblätter (nach Gebrauchsanweisung auf der Verpackung) in kaltem Wasser auflösen und die Sahne sehr steif schlagen. Die Gelatine gründlich in die Creme einrühren und die Schlagsahne unterheben. Die Masse in eine Puddingform oder in Förmchen füllen und im Kühlschrank mindestens 1 Stunde auskühlen lassen.

Für das Püree: Alle Zutaten im Mixer verrühren und anschließend passieren.

Die Creme aus der Form oder den Förmchen stürzen und mit dem Erdbeerpüree und frischen Erdbeerstücken garniert servieren.

FÜR DIE CREME:

200 G ZUCKER

4 EIGELBE

1 KLEINES GLAS MUSKATELLER

4 BLÄTTER GELATINE

500 G SCHLAGSAHNE

FÜR DAS PÜREE:

200 G ERDBEEREN

50 G ZUCKER

1 ZITRONE

Rezepte rund um Don

WEITERE SPEZIALITÄTEN DER BASSA

ZUSAMMENGESTELLT VON IRIS & JOCHEN GRÜN

Camillo & Peppone

Cannelloni alla Rigoletto

GEFÜLLTE TEIGROLLEN

À LA RIGOLETTO

Dieses Rezept wurde auch im stimmungsvollen Restaurant »Guareschi« so ähnlich serviert.

FÜR 4 PERSONEN

FÜR DIE PASTA:

250 G HARTWEIZENGRIESS

2 MITTELGROSSE EIER
(EIGRÖSSE M)

MEHL FÜR DIE ARBEITSFLÄCHE

FÜR DIE FÜLLUNG:

3 EL OLIVENÖL

500 G FRISCHER SPINAT

1 KNOBLAUCHZEHE,
ZERDRÜCKT

200 G RICOTTA

100 G PARMESAN,
FRISCH GERIEBEN

1 EI

SALZ

FÜR DIE BECHAMELSAUCE:

100 G BUTTER

30 G MEHL

875 ML MILCH,
HANDWARM

SALZ

SCHWARZER PFEFFER,
FRISCH GEMAHLEN

REICHLICH MUSKATNUSS,
FRISCH GERIEBEN

BUTTER FÜR DIE FORM

PARMESAN, FRISCH GERIEBEN,
ZUM BESTREUEN

Für die Pasta: Hartweizengrieß und Eier unter tropfenweiser Zugabe von Wasser
zu einem glatten, geschmeidigen Teig kneten (am besten mit der Küchenmaschine).
Den Teig auf einer bemehlten Arbeitsfläche dünn ausrollen und in Quadrate mit
10 cm Seitenlänge (Cannelloni) schneiden. Die Pasta kurz in sprudelnd kochendem
Salzwasser blanchieren. Mit dem Schaumlöffel herausnehmen und abtropfen lassen.

Für die Füllung: Öl in einer großen Pfanne erhitzen. Knoblauch und Spinat kurz
anbraten, bis der Spinat zusammenfällt. Etwas abkühlen lassen, dann den Spinat
mit einem großen Küchenmesser klein hacken. Spinat, Ricotta, Parmesan und Ei
gründlich mischen und mit Salz würzen. Die Füllung auf den Cannelloni verteilen
(jeweils in einem Streifen in die Mitte setzen) und die Pasta einrollen.

Für die Bechamelsauce: Die Butter in einem 2-Liter-Topf schmelzen. Vom Herd nehmen,
das Mehl einrühren und gut verquirlen, bis keine Klumpen mehr vorhanden sind.
Die Milch einrühren und bei mittlerer Hitze etwa 5 Minuten kochen, bis die Sauce dick-
flüssig wird. Durch ein Sieb passieren. Mit Salz, Pfeffer und Muskatnuss abschmecken.
Den Backofen auf 200 °C (Umluft 180 °C, Gas Stufe 3) vorheizen.
Eine feuerfeste Auflaufform üppig mit Butter fetten. Eine Schicht Cannelloni
einfüllen und mit Bechamelsauce bedecken. Darüber eine weitere Lage Cannelloni
schichten und wieder mit Sauce bedecken. Die oberste Schicht dick mit Parmesan
bestreuen. Die Form auf die mittlere Schiene des vorgeheizten Ofens stellen und
die Cannelloni etwa 15 Minuten backen, dann auf die oberste Schiene stellen
und weitere 5 Minuten backen, bis der Käse eine goldene Kruste bildet.

Die Cannelloni aus dem Ofen nehmen und 5 Minuten abkühlen lassen. Auf Tellern
anrichten und mit Parmesan – und nach Belieben mit Butterflocken – bestreuen.

Im Jahr 1850 hatte Verdi bereits 15 Opern komponiert und war im Alter von erst
37 Jahren bereits einer der bekanntesten und erfolgreichsten Opernkomponisten Italiens.
Die Uraufführung von »Rigoletto« fand am 11. März 1951 in Venedig statt.

Crostata alle amarene

MÜRBTEIGKUCHEN MIT MARMELADENFÜLLUNG

FÜR DEN TEIG:

300 G GESIEBTES MEHL

150 G WEICHE BUTTER

3 MITTELGROSSE EIGELB
(EIGRÖSSE M)

1 PÄCKCHEN VANILLEZUCKER

1 PRISE SALZ

ABGERIEBENE SCHALE VON
1 UNBEHANDELTEN ZITRONE

100 G ZUCKER

BUTTER FÜR DIE FORM

1 GLAS SAUERKIRSCHMARMELADE
(JE NACH HERSTELLER 340–350 G)

1 EIGELB, LEICHT VERQUIRLT

GROSSE SPRINGFORM

BACKPAPIER

Für den Teig: Alle Zutaten zu einem glatten Teig verarbeiten. Etwa 1 Stunde im Kühlschrank zugedeckt ruhen lassen. Dann den Teig 3 bis 4 mm dick auf Backpapier ausrollen. Die Springform mit der Butter fetten und mit Teig auslegen – am Rand 3 bis 4 cm hoch andrücken. Darüber hinausgehende Reste abschneiden und in den Kühlschrank legen.

Die Marmelade gleichmäßig auf dem Kuchenboden verteilen. Den Teigrand vorsichtig auf die Marmelade »rollen«, sodass sich ein etwa 2 cm breiter Rand ergibt. Den restlichen Teig noch einmal ausrollen. Mit dem Teigrädchen in 15 mm breite Streifen schneiden und diese mit Eigelb bestreichen. Die Teigstreifen gitterförmig auf die Marmelade legen.

Den Kuchen im vorgeheizten Backofen etwa 30 Minuten backen. Herausnehmen, etwas abkühlen lassen und auf eine Kuchenplatte geben. Vollständig abgekühlt servieren.

Frittata all' aceto balsamico

OMELETT MIT ACETO BALSAMICO

---

3 EL OLIVENÖL

3 ZWIEBELN,
IN FEINE RINGE GEHOBELT

4 EL FRISCH GERIEBENER
PARMESAN

6 EIER, VERQUIRLT

EINIGE TROPFEN EDLER
BALSAMICO

Das Öl in einer großen Pfanne erhitzen und die Zwiebelringe glasig dünsten. Den Parmesan unter die Eier schlagen. Wenn die Zwiebeln Farbe angenommen haben, die Parmesan-Ei-Masse hinzufügen und stocken lassen. Das Omelett wenden und die andere Seite kurz anbraten lassen. Auf einen Teller geben und mit einigen Tropfen Balsamico beträufeln. Sofort servieren.

Guter Balsamico ist fast so teuer wie ein edler Wein. Doch schon wenige Tropfen genügen, um einem einfachen Omelett ein raffiniertes Aroma zu verleihen. Balsamico aus Modena wird aus Traubenmost hergestellt und reift langsam in Holzfässern zu Essig heran. Weder Gewürze noch Kräuter dürfen ihm beigefügt werden. Das Ergebnis ist ein nahezu dickflüssiger, dunkelbrauner Essig mit einem herrlichen säuerlichen Duft. Hier vereinen sich Süßes und Saures in einem geradezu »himmlischen« Verhältnis. Ob zu Früchten, Salat oder Saucen – immer gibt er einen vollen, samtigen Geschmack und rundet perfekt ab.

Fettuccine di crêpes
alle code di scampi ed asparagi

CRÊPES-FETTUCCINE
MIT HUMMER UND SPARGEL

FÜR 4 PERSONEN

Für die Pasta: Alle Zutaten mischen und aus dem Teig Crêpes zubereiten. Die Crêpes abkühlen lassen und in Fettuccine (schmale, lange Bandnudeln) schneiden.

Für die Sauce: Das Öl in einer Pfanne erhitzen und den Spargel darin kurz anbraten. Das Hummerfleisch hinzufügen und mit dem Cognac flambieren. Die Tomaten zugeben und garen, bis sie heiß sind.

Die Fettuccine in die Pfanne geben und in der Sauce schwenken, bis sie warm sind. In einer Servierschüssel anrichten und mit reichlich Petersilie bestreut servieren.

Der Sohn der Bertozzis, Fabio, machte die familieneigene Leidenschaft fürs Kochen zum Beruf. Hier seine Verfeinerung des Spargelrezeptes seiner Mutter.

FÜR DIE PASTA:

1/4 L MILCH

125 G MEHL

3 EIER

1 MESSERSPITZE SALZ

FÜR DIE SAUCE:

2 EL OLIVENÖL

100 G SPARGEL, GEPUTZT UND IN SCHEIBEN GESCHNITTEN

200 G AUSGELÖSTES HUMMERSCHWANZFLEISCH, IN MUNDGERECHTE STÜCKE ZERPFLÜCKT

2 EL COGNAC

100 G PACHINO-TOMATEN (ITALIENISCHE COCKTAIL-TOMATEN), GEVIERTELT

2 ESSLÖFFEL GEHACKTE PETERSILIE

Maltagliati con fagioli

NUDELN MIT WEISSEN BOHNEN

FÜR 4 PERSONEN

100 G WEISSE BOHNEN

1 STANGE STAUDENSELLERIE,
FEIN GEWÜRFELT

1 KAROTTE,
FEIN GEWÜRFELT

1 KLEINE ZWIEBEL,
FEIN GEWÜRFELT

1 BUND GLATTE PETERSILIE,
FEIN GEHACKT

6 EL OLIVENÖL

2 KNOBLAUCHZEHEN,
ZERDRÜCKT

100 G PANCETTA (BAUCHSPECK),
GEWÜRFELT

50 G BUTTER

300 G SPECKSCHWARTE,
KLEIN GEWÜRFELT

200 G FRISCHE TOMATEN

SALZ

PFEFFER

400 G MALTAGLIATI

50 G PARMESAN,
FRISCH GERIEBEN

Die Bohnen in reichlich Wasser mindestens 12 Stunden einweichen.

Das zerkleinerte Gemüse sollte zusammen 200 Gramm Sofritto* ergeben.
Die Hälfte des Öls in einem Topf erhitzen und den Knoblauch darin goldbraun braten.
Das klein geschnittene Gemüse, Pancetta und Butter hinzufügen und anbraten.
Einen Schöpflöffel heißes Wasser zugießen.

Die Bohnen abgießen und zusammen mit der Speckschwarte und den Tomaten
in den Topf geben. Mit Salz und Pfeffer abschmecken. Das Ganze bei geringer bis
mittlerer Hitze etwa 3 Stunden köcheln lassen.

Wenn die Bohnen weich sind, etwa 1/2 Liter Wasser zugeben. Die Hitze erhöhen und
den Sud zum Kochen bringen. Die Pasta hinzufügen und etwa 8 Minuten al dente kochen.

Das Gericht in eine Servierschüssel geben. Das restliche Olivenöl darüber
gießen und das Ganze mit Parmesan bestreuen. Sofort heiß servieren.

In der Bassa wird dazu natürlich Lambrusco getrunken.
Wir empfehlen den klassischen trockenen Lambrusco
»Don Camillo«.

Bei diesem Wintergericht sollte man eher großzügig mit
dem Olivenöl umgehen! Die etwas feinere Ausführung:
Die Pasta separat in reichlich Salzwasser al dente kochen
und erst dann zu den Bohnen geben.

* Sofritto ist eine aromatische Mischung aus gehackten
und angerösteten Gemüsen, zum Beispiel aus Karotten,
Staudensellerie, Zwiebeln, Knoblauch und Petersilie.

Parmigiano reggiano all'aceto balsamico

PARMESANSCHEIBEN

MIT ACETO BALSAMICO

Weniger ist mehr, wenn die Zutaten von außergewöhnlicher Qualität sind.
Dies trifft ganz besonders auf dieses einfache und doch raffinierte Rezept zu.

FÜR 4 PERSONEN

200 G JUNGER PARMESAN
AUS REGGIO

3 EL ACETO BALSAMICO

Den Parmesan in etwa 2 Millimeter dünne
Scheiben schneiden. Auf einer Servierplatte
anrichten und mit Balsamico benetzen.
Den Essig etwa 20 Minuten einziehen lassen.
Danach nach Belieben noch etwas Essig
zugeben und servieren.

Bei Domenico wird der Parmesan mit dem
typischen Messer in kleine Stücke zerteilt.

Pasta col ragù di piccione

NUDELN MIT TAUBENRAGOUT FÜR SIGNORA CHRISTINA

FÜR 4 PERSONEN

6 EL OLIVENÖL

1 EL BUTTER

2 KLEINE SCHALOTTEN, KLEIN GEWÜRFELT

1 KÜCHENFERTIGE TAUBE

SALZ

PFEFFER

500 G GESCHÄLTE TOMATEN

ETWAS FLEISCHBRÜHE

500 G PASTA

100 G PARMESAN, FRISCH GERIEBEN

Öl und Butter auf mittlerer Stufe in einer Pfanne erhitzen und die Schalotten darin glasig werden lassen. Die Taube hinzufügen und rundum anbraten, dann salzen und pfeffern.

Die Hitze verringern und Tomaten zugeben und das Ganze köcheln lassen, bis die Taube gar ist. Wenn die Sauce dicklich eingekocht ist, einige Löffel Fleischbrühe hinzufügen.

Die Taube herausnehmen und entbeinen. Das Fleisch in kleine Stücke schneiden und in die Sauce geben. Warm halten.

Eine große Servierschüssel vorwärmen. Die Pasta in reichlich Salzwasser al dente kochen und abgießen. Die Pasta der vorgewärmten Schüssel mit der Sauce mischen und mit Parmesan bestreut sofort servieren.

Maccheroni del cardinale

MAKKARONI NACH KARDINALSART

*Nach einem sehr alten Rezept wurden in früheren Zeiten die Nudeln zusätzlich
mit Zucker und Zimt gewürzt. Im heutigen Italien sind diese zwei Gewürze
in Verbindung mit Pasta nicht mehr gebräuchlich.*

FÜR 4 PERSONEN

*Für die Sauce: 100 Gramm Butter bei mittlerer Hitze in einer
großen Pfanne zerlassen. Den Parmesan zugeben und schmelzen lassen. Die Krabben hinzufügen und unter ständigem
Rühren 5 Minuten erhitzen. Die Pfanne vom Herd nehmen
und beiseite stellen. Die restliche Butter bei mittlerer Hitze in
einer kleinen Pfanne zerlassen. Pilze und Petersilie hinzufügen
und 10 Minuten schmoren lassen. Mit Salz und Pfeffer würzen und das Ganze im Mixer pürieren.*

*Das Püree in die Pfanne mit den Krabben geben.
Alles gründlich mischen und nochmals erhitzen.
Die Nudeln in der Brühe al dente kochen. Abgießen
und mit der Krabbensauce mischen. Heiß servieren.*

*Wir haben die Variante mit Zucker und Zimt ausprobiert –
sehr exotisch! Wem's schmeckt … Vorsicht, nicht zu viel
Zimt und Zucker nehmen!*

FÜR DIE SAUCE:

120 G BUTTER

100 G FRISCH GERIEBENER
PARMESAN

200 G KÜCHENFERTIGE
KRABBEN

150 G FRISCHE SAISONPILZE,
GEPUTZT

1 HAND VOLL PETERSILIE,
FEIN GEHACKT

SALZ

PFEFFER

500 G MAKKARONI

2 L HÜHNERBRÜHE

Pere al Lambrusco

BIRNEN IN LAMBRUSCO

8 KLEINE REIFE BIRNEN

1 FLASCHE LAMBRUSCO

4 GEWÜRZNELKEN

1 LORBEERBLATT

150 G ZUCKER

150 G SCHLAGSAHNE

Die Birnen schälen, ohne den Stiel zu entfernen. Unten gerade schneiden, dass die Früchte sicher stehen.

Die Birnen nebeneinander aufrecht in einen Topf stellen und bis zum Stiel mit Wein bedecken. Nelken, Lorbeerblatt und Zucker hinzufügen und das Ganze kurz aufkochen lassen. Die Hitze verringern und die Birnen etwa 1 Stunde köcheln lassen. Zwischendurch mit einem Zahnstocher testen, ob die Früchte weich sind. Die Birnen herausnehmen, auf Teller setzen und 1 Stunde abkühlen lassen. Den Sud einkochen.

Die Sahne steif schlagen. Die Birnen und mit der eingedickten Sauce und Schlagsahne servieren.

Polpettoni del preti

HACKBRATEN

NACH PFARRERART

FÜR 4 PERSONEN

100 G BRATWURSTBRÄT

300 G HACKFLEISCH VOM SCHWEIN

100 G PARMASCHINKEN, IN 0,5 CM GROSSE STÜCKCHEN GESCHNITTEN

100 G MORTADELLA, IN 0,5 CM GROSSE STÜCKCHEN GESCHNITTEN

SALZ

PFEFFER

1 EI

4 EL GERIEBENER PARMESAN

3 EL SEMMELBRÖSEL

2 EL BUTTER

2 ZWIEBELN, FEIN GEWÜRFELT

1 KAROTTE, FEIN GEWÜRFELT

1 STANGE STAUDENSELLERIE, FEIN GEWÜRFELT

1,5 L MILCH

KÜCHENGAZE

BINDFADEN

Bratwurstbrät und Hackfleisch in einer Schüssel mischen. Parmaschinken und Mortadella zugeben und alles gründlich vermengen. Nur schwach salzen und pfeffern. Ei, Parmesan und Semmelbrösel zugeben und die Fleischmasse zu einem gleichmäßigen Teig verarbeiten. Den Teig in eine längliche Form bringen und in ein Gazetuch einschlagen. Damit die Form beim Braten erhalten bleibt, das Ganze (wie einen Rollbraten) mit Bindfaden umwickeln.

Butter in einem Schmortopf erhitzen und Zwiebeln, Karotten und Sellerie andünsten. Das Hack zugeben und rundherum scharf anbraten. Die Hitze verringern und den Braten etwa 2 Stunden schmoren, bis er schön mürbe ist. Während der gesamten Garzeit immer wieder in 200-Milliliter-Portionen die Milch zugießen und einkochen lassen. Den Hackbraten herausnehmen, auswickeln und in Scheiben schneiden und diese in den Topf zurückgeben.

Das Gericht im Schmortopf servieren. Dazu passen Ofenkartoffeln.

Aus dem Namen dieses Gerichts kann man schließen, dass der Klerus sich im gläubigen Italien nie Sorgen um die Verpflegung machen musste. Wir kennen ja die Geschichte der Verabschiedung von Don Camillo in die Verbannung (siehe Seite 142). Auch an Festtagen, anlässlich einer Taufe, Hochzeit oder Beerdigung stecken ihm die Angehörigen seiner Gemeinde das eine oder andere Huhn, Kaninchen oder auch mal einen schönen Schinken zu.

Rigatoni alla contadina

RIGATONI NACH BÄUERINNEN ART

FÜR 4 PERSONEN

FÜR DIE SAUCE:

40 G GETROCKNETE PILZE

120 G BUTTER

8 EL OLIVENÖL

2 SCHALOTTEN,
KLEIN GEWÜRFELT

SALZ

PFEFFER

2 STÄNGEL FRISCHE PETERSILIE,
FEIN GEHACKT

200 G PASSATA (PÜRIERTE
TOMATEN AUS DER DOSE)

250 ML FLEISCHBRÜHE

500 G RIGATONI

100 G PARMESAN,
FRISCH GERIEBEN

Die Pilze in warmem Wasser einweichen und anschließend klein schneiden.

Für die Sauce: In einer Pfanne bei mittlerer Hitze die Butter und 4 Esslöffel Öl erhitzen. Die Schalotten darin goldgelb werden lassen. Die Pilze zugeben. Salzen und pfeffern und das Ganze etwa 10 Minuten köcheln lassen. Petersilie und Tomaten einrühren. Einige Minuten reduzieren lassen, dann die Fleischbrühe unterrühren und so lange weiterköcheln lassen, bis die Pilze weich sind.

Die Rigatoni in reichlich Salzwasser al dente kochen und abgießen. Eine große, hohe Schüssel mit dem restlichen Olivenöl fetten. Pasta, Sauce und Parmesan nacheinander in die Schüssel füllen und gründlich mischen.

Typisch für die Bassa ist die Verwendung von reichlich Butter zusammen mit – oder sogar anstelle von – Olivenöl!

Rigatoni con mozzarella e pomodoro a crudo

KURZE NUDELN MIT MOZZARELLA UND FRISCHEN TOMATEN

FÜR 4 PERSONEN

Für die Sauce: Die Tomaten mit den Händen in Stücke zerteilen und zusammen mit dem Öl in eine große Schüssel geben. Die Basilikumblätter mit den Fingern zerpflücken und darüber streuen. Salzen und pfeffern. Parmesan zugeben und alles mit einem Holzlöffel gründlich mischen. Mindestens 2 Stunden ziehen lassen.

Die Rigatoni in reichlich Salzwasser al dente kochen. Abgießen und heiß in die Sauce geben. Den Mozzarella in feine Scheiben schneiden und vorsichtig unterheben. Sofort servieren.

Das Wichtigste und Außergewöhnliche an diesem Rezept ist, dass die Tomaten und das Basilikum nicht mit einem Messer geschnitten werden, weil Metall ihr Aroma beeinträchtigen würde.

Ein herrliches Gericht für heiße Sommertage!

FÜR DIE SAUCE:

500 G VOLLREIFE FLEISCHTOMATEN, ABGEZOGEN UND ENTKERNT

8 EL OLIVENÖL

12 BASILIKUMBLÄTTER

SALZ

PFEFFER

100 G PARMESAN, FRISCH GERIEBEN

500 G RIGATONI

200 G MOZZARELLA

Strozzapreti/ Strangolaprieve

»PFAFFENWÜRGER«

FÜR 6 PERSONEN

FÜR DIE PASTA:

570 G MEHL

200 G WEIZENGRIESS

SALZ

PFEFFER

FÜR DIE SAUCE:

6 EL OLIVENÖL

450 G FRISCHE REIFE TOMATEN, HALBIERT

1 HAND VOLL FRISCHE PETERSILIE, GEHACKT

4 ZWEIGE FRISCHES BASILIKUM

1 GROSSE STANGE STAUDENSELLERIE MIT GRÜN, GEVIERTELT

1 GROSSE ZWIEBEL, GEVIERTELT

SALZ

PFEFFER

50 G BUTTER

PARMESAN, FRISCH GERIEBEN

Für die Pasta: Mehl und Weizengrieß auf die Arbeitsfläche häufen. In die Mitte eine Mulde drücken. 1 Prise Salz und teelöffelweise so viel warmes Wasser hinzufügen, dass man einen Teig kneten kann (Dabei lieber ein wenig mehr Kraft anwenden, als mehr Flüssigkeit zugeben!). Kneten, rollen und zusammenfalten, bis ein glatter, elastischer Teig entsteht, der nicht weicher sein sollte als normaler Brotteig – besser noch ein wenig fester. Dazu benötigt man ungefähr 20 bis 30 Minuten. Den Teig mit einem feuchten Küchentuch abdecken und 30 Minuten ruhen lassen.

Für die Sauce: Öl, Tomaten, Petersilie, Basilikum, Sellerie, Zwiebel, Öl, Salz und Pfeffer in eine Kasserolle geben, zudecken und langsam köcheln lassen, bis die Tomaten zerfallen. Bei Bedarf etwas Wasser zugießen. Die Sauce abkühlen lassen und durch ein feines Sieb passieren. Umrühren und warm halten.

Aus dem Teig fingerdicke Röllchen formen und in kleine Stücke schneiden. Jedes Stück sanft mit dem Daumen eindrücken und zum Runden auf dem Tisch leicht hin und her rollen. Die Pasta in sprudelnd kochendem Wasser 2 bis 3 Minuten kochen, bis sie an die Oberfläche kommt. Mit dem Schaumlöffel herausnehmen und in eine Servierschüssel geben.

Die warme Tomatensauce über die Pasta gießen. Butter und reichlich Parmesan zugeben. Zum Vermischen die Schüssel ein wenig schütteln und sofort servieren.

Um den Namen »Pfaffenwürger« ranken sich viele Legenden. In jeder Region wird eine andere erzählt. Immer gleich ist die volkstümliche Annahme, dass Priester besonders gerne, gut und übermäßig essen und auch schon mal am Essen ersticken oder dass sie ihr enger Kragen sie würgt.

Tagliolini col sugo di lepre

SCHMALE BANDNUDELN

MIT HASENSAUCE

FÜR 4 PERSONEN

FÜR DIE MARINADE:

1 ZWIEBEL, GEHACKT

1 STÜCK SELLERIE, GEHACKT

EINIGE PFEFFERKÖRNER

1 TL THYMIAN

2 LORBEERBLÄTTER

1 FLASCHE LAMBRUSCO

1,2 KG ENTBEINTES
HASENFLEISCH, GROB GEWÜRFELT

FÜR DIE SAUCE:

6 EL OLIVENÖL

60 G PANCETTA (BAUCHSPECK),
KLEIN GEWÜRFELT

SALZ

MUSKATNUSS

FLEISCHBRÜHE

500 G TAGLIOLINI

Für die Marinade: Alle Zutaten in eine ausreichend große Schüssel geben und das Hasenfleisch hineinlegen. Kühl stellen und das Fleisch mindestens 12 Stunden marinieren. Vor der Verwendung gut abtropfen lassen. Die Marinade nicht wegschütten!

Für die Sauce: Öl bei mittlerer Hitze in einer Pfanne heiß werden lassen und die Pancetta darin anrösten. Das Hasenfleisch zugeben und bräunen. Mit Salz und Muskatnuss abschmecken. Die Hitze verringern und das Fleisch etwa 1,5 Stunden schmoren, bis das Fleisch sehr weich ist. Immer wieder abwechselnd etwas Marinade und Fleischbrühe zugießen. Die Sauce durch ein grobes Sieb streichen. Warm halten.

Die Tagliolini in reichlich Salzwasser al dente kochen. Abgießen und mit der Sauce mischen.

Auch mit Tagliatelle, die etwas breiter sind als die Tagliolini, schmeckt dieses Gericht hervorragend.

Risotto all'anguilla

RISOTTO MIT AAL

FÜR 4 PERSONEN

2 Liter Wasser in einem Topf zum Kochen bringen. Die Hitze verringern und Essig, Schalotten und Lorbeerblatt hinzufügen. Das Ganze 30 Minuten köcheln lassen. Den Aal in den Sud geben und gar ziehen lassen. Wenn das Fleisch sich leicht von den Gräten lösen lässt, ist er fertig. Mit einem Schaumlöffel herausnehmen und die Gräten entfernen. Beiseite stellen. Den Sud nicht wegschütten!

Für den Risotto: Das Öl in einem großen, flachen Topf erhitzen. Zwiebeln, Petersilie und Knoblauch zugeben und dünsten, bis die Zwiebeln beginnen glasig zu werden. Den Reis einstreuen und unter Rühren kurz rösten. Den Wein zugießen und weitgehend einkochen lassen. Während der Reis weitergart, immer wieder mit dem warmen Fischsud aufgießen, bis der Reis weich, aber noch körnig ist.

Nach etwa 20 Minuten – kurz bevor der Reis fertig gekocht ist – den Risotto mit Pfeffer und reichlich Muskatnuss abschmecken. Die Aalstücke zum Erwärmen auf den Reis setzen. Zum Schluss den Parmesan vorsichtig unterheben. Den Risotto vor dem Servieren noch 5 Minuten im Topf ruhen lassen.

2 EL WEISSER BALSAMICO

2 KLEINE SCHALOTTEN, HALBIERT

1 KLEINES LORBEERBLATT

400 G KÜCHENFERTIGER AAL, IN DAUMENLANGE STÜCKE GESCHNITTEN

FÜR DEN RISOTTO:

4 EL OLIVENÖL

1 KLEINE ZWIEBEL, IN KLEINE WÜRFEL GESCHNITTEN

2 STÄNGEL FRISCHE PETERSILIE, FEIN GEHACKT

1 KNOBLAUCHZEHE, FEIN GEHACKT

400 G ARBORIO-REIS

200 ML TROCKENER WEISSWEIN

PFEFFER

MUSKATNUSS

100 G PARMESAN, FRISCH GERIEBEN

Tortellini in brodo

TORTELLINI MIT FLEISCHFÜLLUNG, IN BRÜHE GEGART

Das ist die traditionsreichste aller Suppen aus der Emilia-Romagna: In einer reichhaltigen Hühnerbrühe schwimmen feine, selbst gemachte, mit Fleisch gefüllte Teigtäschchen. Die Herstellung von Tortellini ist eine Kunst; beim ersten Versuch ist es angeraten, für die Pasta nur zwei Eier und die halbe Menge der Füllung zu verwenden.

FÜR 6 PERSONEN

FÜR DIE BRÜHE:

1/2 HÜHNCHEN

450 G RINDERHAXE

1 GROSSE KAROTTE

1 ZWIEBEL

2 STANGEN STAUDENSELLERIE

1 HAND VOLL FRISCHE PETERSILIE

2 KLEINE KOHLBLÄTTER

SALZ

PFEFFER

FÜR DIE PASTA:

300 G MEHL

3 GROSSE EIER

FÜR DIE FÜLLUNG:

30 G BUTTER

100 G RUMPSTEAK, IN WÜRFEL GESCHNITTEN

50 G PUTENBRUST, IN WÜRFEL GESCHNITTEN

100 G MORTADELLA

100 G ROHER SCHINKEN (PROSCIUTTO CRUDO)

2 EIER

1 PRISE GERIEBENE MUSKATNUSS

200 G FRISCH GERIEBENER PARMESAN

Für die Brühe: Alle Zutaten in einen Suppentopf geben, nach Geschmack mit Salz und Pfeffer würzen. Mit etwa 3 Liter kaltem Wasser aufgießen und zum Kochen bringen. Abdecken und etwa 3 Stunden köcheln lassen. Die Brühe zweimal abseihen und über Nacht kühl stellen.

Für die Pasta: Am nächsten Tag die Tortellini herstellen. Das Mehl auf die Arbeitsfläche häufen und in die Mitte eine Vertiefung drücken. Die Eier in die Mulde geben. Mit den Fingern das Mehl und die Eier mischen und kneten. Den Teig etwa 15 bis 20 Minuten durcharbeiten. Er sollte ziemlich fest sein, aber glatt, goldgelb und geschmeidig. Den Teig mit einem feuchten Küchentuch bedecken und 30 Minuten ruhen lassen.

Für die Füllung: Die Butter in einer Pfanne erhitzen und Steak und Putenbrust bei schwacher Hitze etwa 10 Minuten anbraten. Abkühlen lassen, dann zusammen mit der Mortadella und dem Schinken durch den Fleischwolf drehen. Eier, Muskatnuss, Salz, Pfeffer und die Hälfte des Parmesans untermischen.

Die Pasta so dünn wie möglich ausrollen, in der Mitte zusammenfalten und wieder ausrollen. In dieser Weise fortfahren, bis die Pasta am Falz knackt. Wenn das Knacken hörbar ist, ist der Teig richtig. Nochmals sehr dünn ausrollen und mit einem Ausstechförmchen oder einem umgedrehten Weinglas Scheiben von 4 cm Durchmesser ausstechen.

In die Mitte einer jeden Teigscheibe ein wenig Füllung geben, in der Mitte falten und die Ränder gut zusammendrücken, damit die Füllung nicht während des Garens heraustritt. Sind alle Teigtaschen gut verschlossen, werden sie zu Halbmonden geformt. Einzeln um den Zeigefinger wickeln und die Enden fest zusammendrücken (eventuell unter Zuhilfenahme von kaltem Wasser). Die fertigen (nun ringförmigen) Tortellini von der Fingerspitze gleiten lassen und nebeneinander auf ein bemehltes Küchentuch legen.

Die Brühe aufkochen. Die Tortellini hineingeben und 2 bis 3 Minuten al dente kochen. Mit dem restlichen Parmesan bestreut servieren.

Fragole
all'aceto balsamico

ERDBEEREN MIT ACETO BALSAMICO

FÜR 4 PERSONEN

---

500 G KIRSCHGROSSE
ERDBEEREN

100 G FEINER
WEISSER ZUCKER

ACETO BALSAMICO

Den Erdbeerstiel jeweils so abschneiden, dass die Erdbeeren – aufrecht stehend – nicht umfallen. Die Früchte dicht an dicht in eine mittelgroße Porzellanschüssel stellen.

Einige Tropfen Balsamico über die Erdbeeren träufeln. Den Zucker gleichmäßig über die Früchte streuen. Das Ganze bei Zimmertemperatur 20 bis 30 Minuten ziehen lassen. Dann servieren.

Eine kühne Kombination, doch wer sie einmal probiert hat, wird garantiert süchtig danach. Voraussetzung sind erstklassige, nicht zu große frische Erdbeeren und ein wirklich exzellenter Balsamico.

Torta Sbrisolona

KRÜMELTORTE

Die Torta Sbrisolana ist ein Mürbteigkuchen mit Mandeln und stammt ursprünglich aus Mantua in der Lombardei. Sie wird aber auch in der Bassa gerne zu Likörwein oder Espresso gegessen.

BUTTER ZUM FETTEN DER FORM

MEHL ZUM AUSSTREUEN DER FORM

FÜR DEN TEIG:

200 G MANDELN, GESCHÄLT UND FEIN ZERSTOSSEN (ODER BEREITS GERIEBENE MANDELN NEHMEN)

200 G MEHL

240 G ZUCKER

200 G BUTTER

SCHALE 1 ZITRONE, ABGERIEBEN

1 TÜTCHEN VANILLEZUCKER

1 MESSERSPITZE SALZ

PUDERZUCKER

Den Backofen auf 175 °C (Umluft 160 °C, Gas Stufe 2) vorheizen. Eine Springform mit Butter fetten und reichlich mit Mehl bestäuben.

Für den Teig: Alle Zutaten nacheinander gründlich mischen. Den Teig in Klumpen in die Form fallen lassen und dabei eine Torte formen.

Die Torte 55 Minuten im vorgeheizten Ofen backen. Aus der Form nehmen und auf eine Tortenplatte setzen. Die Torte noch warm reichlich mit Puderzucker bestreuen.

Tipp: Wenn man den Boden der gefetteten Form mit Backpapier bedeckt, lässt sich die Torte leichter aus der Form nehmen.

Zabaione freddo Guareschi

KALTE EIERSCHAUMCREME
NACH GUARESCHI-ART

So wurde diese Nachspeise auch im Ristorante »Guareschi« serviert. Amarettini mit unseren zwei Kontrahenten auf dem Etikett werden heute als Souvenir in Brescello von der Casa Bersellini hergestellt.

FÜR 4 PERSONEN

Vier Dessertschüsselchen zum Kühlen in den Kühlschrank stellen. Die Sahne steif schlagen und kühl stellen.

Eigelbe, Zucker und 1 Esslöffel Marsala in einer Schüssel mit dem Schneebesen im Wasserbad schaumig rühren. Das Wasser sollte warm bleiben, aber nicht zum Kochen kommen. Wenn die Masse zu schäumen und zu steigen beginnt, den Grand Marnier, den restlichen Marsala und das Kaffeepulver unter ständigem Rühren hinzufügen. Rühren und schlagen, bis eine glatte Creme entstanden ist.

Die Schüssel aus dem Wasserbad nehmen und in einen großen Topf mit Eiswürfeln stellen. Weiter schlagen, bis die Creme abgekühlt ist, dann die steif geschlagene Sahne unterheben.

Schichtweise Creme und Amarettini-Brösel in die gekühlten Dessertschüsselchen füllen und bis zum Servieren in den Kühlschrank stellen. Zum Servieren mit den restlichen Amarettini dekorieren.

250 ML SCHLAGSAHNE

7 EIGELBE
VON SEHR FRISCHEN EIERN

100 G ZUCKER
ODER PUDERZUCKER

175 ML TROCKENER MARSALA

50 ML GRAND MARNIER

1/2 TL SEHR FEIN GEMAHLENER
ESPRESSOKAFFEE

10 AMARETTINI,
IM MÖRSER FEIN ZERSTOSSEN

4 AMARETTINI ZUM GARNIEREN

Giovannino Guareschi

1908   Am 1. Mai wird Giovannino Guareschi als Sohn einer Lehrerin und eines Grundbesitzers und Kaufmanns in Fontanelle di Roccabianca/Parma geboren.

1918   Auf Wunsch des Vaters besucht er das technische Gymnasium – Giovannino soll zum Schiffsingenieur ausgebildet werden.

1920   Giovannino wechselt auf ein humanistisches Gymnasium, was seiner Begabung eher entspricht.

1926-29   Die Guareschis verlieren in der Wirtschafts- und Finanzkrise ihr gesamtes Vermögen. Giovannino muss seine Ausbildung abbrechen und unterstützt nun mit Gelegenheitsjobs die Familie. Dabei wird er unter anderem zum erstenmal journalistisch bei einer Lokalzeitung in Parma tätig.

1929   Giovannino arbeitet als Redakteur bei der humoristischen Wochenzeitschrift *Corriere Emiliano* in Parma.

1936-43   Giovannino arbeitet als Chefredakteur bei der satirischen Wochenzeitschrift *Bertoldo* in Mailand.

1940   Giovannino heiratet Ennia Pallini; ihr Sohn Alberto wird geboren.

1941   *La scoperta di Milano* erscheint als seine erste Buchveröffentlichung. Sie enthält autobiographische Erzählungen.

1942   Der Roman *Il destino si chiama Clotilde* erscheint.

1943-45   Giovannino gerät in Kriegsgefangenschaft; er wird in ein Arbeitslager in Polen interniert, später wird er in die Nähe von Bremen verlegt; es entstehen die Kriegstagebücher und im Dezember 1944 die Erzählung *La Favola di Natale*.

1944   Es erscheint der Roman *Il amrito in collegio* (dt.: Carlotta und die Liebe, 1952).

1945   Gemeinsam mit Giovannino Mosca und anderen ehemaligen Mitarbeitern des *Bertoldo* gründet Guareschi in Mailand den *Candido* – eine humoristische und monarchistische Wochenzeitschrift, die er bis 1957 leitet. Die ersten Episoden um Don Camillo und Peppone, den kommunistischen Bürgermeister, erscheinen hier als Zeitschriftenbeiträge. Es erscheint *La Favola di Natale*.

1946   In Italien wird ein Referendum verabschiedet, das schließlich zur Abschaffung der Monarchie und zur Gründung der Republik führt.

1947   Es erscheint *Italia provisoria* (Erinnerungen an die Nachkriegszeit).

1948   Die Kommunisten unterliegen in der Wahl den Christdemokraten unter Alcide de Gasperi. Es erscheint *Mondo piccolo »Don Camillo«* und Guareschi feiert damit internationale Erfolge als Bestsellerautor (dt.: *Don Camillo und Peppone*, 1952). Außerdem erscheinen die Erzählungen *Lo zibaldino*.

1949   Es erscheint *Diario clandestino* (Kriegstagebuch 1943-45).

1950   Die Familie Guareschi zieht aufs Land nach Roncole Verdi.

1951   Unter der Regie von Julien Duvivier wird mit der ersten Verfilmung des *Don Camillo* begonnen, die legendäre Besetzung von Fernandel als Don Camillo und Gino Cervi als Peppone geht unvergessen in die Filmgeschichte ein. Es folgen schließlich bis 1965 vier weitere Filme mit Fernandel; der sechste bleibt unvollendet.

1953   Es erscheint der Fortsetzungsroman *Mondo piccolo: Don Camillo e il suo Gregge* (dt.: *Don Camillo und seine Herde*, 1953).

1954	Guareschi wird zu zwei Jahren Gefängnis verurteilt, aber nach 14 Monaten wegen guter Führung vorzeitig entlassen. Er hatte Briefe von de Gaspari im *Candido* veröffentlicht, die den Premierminister und ehemaligen Vorkämpfer des Widerstandes der Kollaboration mit den Alliierten überführen. Die Briefe wurden von Guareschi für echt gehalten, stellten sich allerdings als Fälschungen heraus. Es erscheinen die Erzählungen *Corrierino delle famiglie* (dt.: *Bleib in deinem D-Zug*, 1955).
1956	Guareschis Gesundheit ist stark angeschlagen und er verbringt regelmäßig einige Monate in der Schweiz.
1957	Guareschi tritt als Chefredakteur des *Candido* zurück, schreibt aber weiterhin Beiträge. Er eröffnet ein Café in Roncole Verdi.
1961	Nach 15-jähriger Publikationstätigkeit sieht sich der Verlag Rizzoli gezwungen, die Zeitschrift *Candido* aufzugeben – der Druck aus dem linken Regierungslager wurde zu groß.
1962	Guareschi erleidet einen Herzinfarkt.
1963	Der Roman *Il compagno Don Camillo* erscheint (dt.: *Genosse Don Camillo*, 1964).
1964	Das Café in Roncole Verdi wird um ein Restaurant erweitert.
1967	Die Erzählungen für Kinder *La calda estate del pestifero* erscheinen.
1968	Die Erzählungen *Via in famiglia* erscheinen (dt.: *Mein häuslicher Zirkus*, 1969). Am 22. Juli desselben Jahres stirbt Guareschi im Alter von 60 Jahren an Herzversagen. Er wird auf dem Friedhof von Roncole Verdi beigesetzt.
1969	Posthum erscheint *Don Camillo e le giovane d'oggi* (dt.: *Don Camillo und die Rothaarige*, 1969).

Fernandel

Fernandel, der eigentlich Fernand Joseph Désiré Contandin hieß, wurde am 8. Mai 1903 in Marseille geboren. Er starb, im Alter von 67 Jahren, am 26. Februar 1971 in Paris. Er drehte insgesamt 125 Filme, stand in ernsten und lustigen Stücken auf der Bühne und nahm auch sehr erfolgreich Schallplatten auf, da sein singender Akzent und seine sanfte Stimme ideal waren. Seine Popularität erhielt durch die Rolle des Don Camillo einen enormen Schub, aber bekannt war der Schauspieler schon vorher.

Zu seinem 100. Geburtstag schreibt Marli Feldvoss in der Neuen Zürcher Zeitung: »*Hinter dem Mann mit dem Spitznamen ›Pferdegesicht‹ … verbarg sich keineswegs nur ein Possenreißer, eine Witzfigur, die jedem Cartoonisten Ehre gemacht hätte. … Sein Lächeln konnte frohgemut und niedergeschlagen zugleich sein … Sein breites Lachen wirkte grotesk, trotzdem strahlte es stets Wärme und Begeisterung aus … Der aufbrausende Don Camillo … der politisch und menschlich gesehen ein Herz und eine Seele mit seinem Widersacher Peppone war, eine demütige Seele eben, ist zuletzt zum Vermächtnis Fernandels geworden.*«

Wie kam Fernandel zu seinem Namen?
Seine Schwiegermutter pflegte ihn immer mit folgendem Satz zu begrüßen: »Té, voilà le Fernand d'elle!«
Auf Deutsch etwa: »He, da ist ja ihr Ferdinand!« oder salopper: »Da kommt ja uns' Ferdi!« »Fernandel«
ist somit die einfache phonetische Umschreibung von »Fernand d'elle«. Seine Filmkarriere begann 1930

mit einer Nebenrolle als Page in *Le Blanc et le Noir* von Robert. In seinem zweiten Film drehte er bereits mit Jean Renoir, einem Meister des französischen Kinos. In seinem dritten Film, *Paris-béguin*, lernte er Jean Gabin kennen – der Grundstein für ein innige Freundschaft war gelegt. 1934 spielt Fernandel in *Angéle* unter dem Regisseur und Autor Marcel Pagnol, der den jungen Schauspieler fortan unterstützt. Vor Ausbruch des Zweiten Weltkrieges hat Fernandel nicht weniger als 43 Filme gedreht. Der Krieg selbst verlangsamt die Karriere des Franzosen, er spielt in »nur« 17 Filmen mit, während der Krieg andauert. Die 50er Jahre werden für Fernandel zu seinem erfolgreichsten Jahrzehnt.

»… vor allem überrascht Fernandel in seiner Verkörperung des originellen, handfesten Pfarrers, der mehr auf seine Fäuste vertraut als auf die dialektische Schärfe seines Geistes.« (Aus der Kritik des katholischen Filmdienstes zum ersten Don-Camillo-Film)

Mit den Don-Camillo-Filmen gelangt er zu Weltruhm, aber er dreht auch mit den großen internationalen Kinostars wie Frank Sinatra, Bob Hope, Louis de Funès oder Buster Keaton. Im Jahr 1959 hat er bereits in 104 Filmen mitgespielt. Fernandels Arbeitsdrang ist auch in den 60ern ungebremst. Seine Auftritte in den Don-Camillo-Filmen garantieren Schlangen an den Kinokassen. Sein letzter Film ist wieder ein »Don Camillo« gewesen, doch Fernandel fühlte sich bei den Dreharbeiten nicht wohl und begab sich in eine Pariser Klinik. Offiziell sprach man von einer »Hüftarthrose«; es war jedoch Krebs, an dem Fernandel schon länger litt. Am 26. Februar 1971 starb Ferdinand Contandin, alias Fernandel, in Paris, ohne seinen sechsten Don-Camillo-Film vollendet zu haben.

Gino Cervi

Gino Cervi wird am 3. Mai 1901 in Bologna als Sohn von Antonio Cervi, einem bekannten Theaterkritiker, geboren. So war ihm eine Bühnenkarriere in die Wiege gelegt und er spielte schon mit 23 Jahren eine Hauptrolle; seine Interpretation des Cyrano de Bergerac wurde ein durchschlagender Erfolg. Nach einer großen Karriere als Theaterschauspieler wechselt Cervi zum Film. Ab 1932 steht er praktisch ununterbrochen vor der Kamera. Drei Dramen – nicht etwa Komödien – unter der Regie von Alessandro Blasetti machen Cervi als Schauspieler dem breiten italienischen Publikum bekannt.

Nach dem Ende des Zweiten Weltkriegs sind es wieder Charakterrollen, die er großartig meistert. Schließlich bietet ihm Regisseur Julien Duvivier die Rolle des Priesters Don Camillo an, als 1951 die Geschichten von Guareschi verfilmt werden sollen.

Der Regisseur suchte einen Schauspieler, der dem nicht ganz einfachen Stoff und dem Charakter des Don Camillo eine gewisse Persönlichkeit und Tiefe geben könnte, also eine Paraderolle für Cervi. Es kam aber anders, und so schlüpfte Cervi nicht in der Rolle des Priesters, sondern glänzte als kommunistischer Bürgermeister Peppone.

»Der Gefahr der Verniedlichung des Kommunismus versuchte man durch häufige, ernster zu nehmende Seitenhiebe zu begegnen. Dass aber diese ›Streitgespräche‹ nicht ins Doktrinäre abgleiten, dafür sorgen die unvergleichlichen Darsteller des Don Camillo (Fernandel) und des Peppone (Gino Cervi).«
(Aus der Kritik des katholischen Filmdienstes zum zweiten Don-Camillo-Film)

Der Ruhm der Filme in den 50er Jahren machte auch den Schauspieler Gino Cervi weiter bekannt. Während er als Peppone immer wieder in die Kinos zurückkehrte, drehte er bis 1964 eine Reihe weiterer Filme, in denen er ganz unterschiedliche Rollen spielte, wie z. B. 1953 in einem Film der *Cinecittà* in Rom einen der drei Musketiere.

Ab 1962 begann seine Fernsehkarriere. Er prägte fortan die Figur des Kommissars Maigret in einer Reihe von Verfilmungen der berühmten Romane; mit so großem Erfolg, dass die Filme bis in die Mitte der 70er Jahre hinein fortgesetzt wurden. Am 3. Januar 1974 stirbt Gino Cervi an einer Lungenentzündung. Wenige Monate nach seinem Tod wird der letzte Maigret ausgestrahlt.

Filmografie

Die Don-Camillo-Filme sind bis heute wohl die erfolgreichste italienische Filmserie überhaupt. In den Nachkriegsjahren erlebte die gesamte italienische Filmindustrie durch ihre Ausstrahlung einen Boom. Alberto Guareschi: »Vor dem Film war das italienische Nachkriegskino nur surrealistisch und grau, weil man die Zukunft und Italien nur grau sah. Alles war wie ›Fahrraddiebe‹. Mein Vater und auch Duvivier wollten das nicht. Der Film wurde gegenständlich, realistisch und optimistisch.«
Auch nachdem die politischen Streitereien längst verschwunden sind, ist der Geist des menschlichen Optimismus zu spüren und noch heute, über 50 Jahre nach Fertigstellung, erfreuen sich die Filme großer Beliebtheit.

»Don Camillo und Peppone«

DREHBUCH VON GIOVANNINO GUARESCHI
MIT SYLVIE ALS SIGNORA CHRISTINA
REGIE: JULIEN DUVIVIER
1952

Die Liebesbeziehung zwischen einer Christin und einem Kommunisten wurde als roter Faden in diesen Film mit aufgenommen, in den Büchern spielt sie eine eher untergeordnete Rolle. In der Kritik des katholischen Filmdienstes heißt es: »… In der gleichen Einstellung wie das Buch muss auch der Film, der die markantesten Szenen aus der Vorlage getreu überträgt, gewertet werden: als lächelnde Satire auf einen Ausschnitt italienischer Eigenart. (…) Der italienische Kommunist möchte zumeist weder gottlos sein, noch auch als gehässig antikirchlich gelten. Er träumt viel weniger vom Sieg des internationalen Kommunismus als von wirtschaftlicher Besserstellung. Die graue Theorie lässt ihn überhaupt kühl, sobald es um echte menschliche Werte geht: Über allem steht beim Mann von der Straße in Italien die Familie, das Kind.«

»Don Camillos Rückkehr«

GIOVANNINO GUARESCHI SCHRIEB NUR ZUM TEIL AM DREHBUCH MIT
REGIE: JULIEN DUVIVIER
1953

Die Planung für den zweiten Film lief schon, als die Dreharbeiten des ersten noch nicht abgeschlossen waren. Die Verbannung von Don Camillo und das drohende Hochwasser sind die grundlegenden Themen dieses Films. Im Jahr 1951 trat der Po wieder einmal deutlich über seine Ufer und so waren allen Darstellern noch die Erinnerungen wach, als für die Dreharbeiten Brescello künstlich unter Wasser gesetzt werden musste.

In der Kritik des katholischen Filmdienstes heißt es: »Wieder rivalisieren der grobschrötig-streitbare Don Camillo und der Miniaturdiktator Peppone um die Vorrangstellung im Dorf. Aber es ist ein Rivalisieren mit einem neuen Unterton: Don Camillo wird gebraucht. Kein anderer hatte seine Rückkehr beim Bischof erwirkt als Peppone persönlich. (…) Was den Humor angeht, so ist der zweite Teil noch feiner, noch geistvoller, noch dialoggebundener, wenn ihm auch jetzt das überraschende Neue fehlt. (…) Man sollte den Film für das nehmen, was er sein will: eine geistvoll satirische Komödie und nicht ein Schlachtfeld grundsätzlicher Meinungsverschiedenheiten …«

»Die große Schlacht des Don Camillo«

EINER VON DREI DREHBUCHAUTOREN IST GIOVANNINO GUARESCHI
REGIE: CARMINE GALLONE
1955

Es herrscht Wahlkampf in Brescello, aber Peppone muss erst – um Senator in Rom werden zu können – seinen Schulabschluss nachholen, was ihm einige Kopfschmerzen bereitet. Der Film nutzt die Gelegenheit, einmal mehr die Weltpolitik, scheinheilige Friedensbemühungen und die aufkeimende Frauenbewegung zu persiflieren. Nie ist der Film dabei aber respektlos oder hämisch, immer siegt die Menschlichkeit.

In der Kritik des katholischen Filmdienstes heißt es: » … Er ist – unter der Regie von Carmine Gallone – turbulenter als seine Vorgänger (…) und wenn sich früher liebenswürdige menschliche Züge einmischten, (…) so tritt hier die laute Groteske in den Vordergrund.«

Viele der ganz bekannten und beliebten Anekdoten stammen aus diesem Film, so z. B. die Geschichte mit dem Panzer, der Schelmenstreich mit dem Benzinhahn in Peppones Auto, der Streit um den Hühnerdieb und auch die bravouröse Schlussszene mit der kleinen Radrennfahrt.

»Hochwürden Don Camillo«

DAS GESAMTE DREHBUCH STAMMT VON GIOVANNINO GUARESCHI
REGIE: CARMINE GALLONE
1961

Beide steigen auf, der eine Senator der KPI im Parlament, der andere als Monsignore im Vatikan, doch kehren sie zurück in ihr Heimatdorf.

In der Kritik des katholischen Filmdienstes heißt es: » (…) Der Versuch, den Kampf zwischen ›Kirche‹ und ›Kommunisten‹ wieder auf der ›höheren Ebene‹ der Menschlichkeit auszugleichen. (…) Der große Erfolg des Buches wie der vorangegangenen Verfilmungen mag darin liegen, dass in den Figuren von Don Camillo und Peppone der heimliche Wunsch des Menschen nach Ausgleich und Versöhnung auf der Ebene der Menschlichkeit wenigstens in der Fantasie Wirklichkeit gewinnt und so den Beschauer für anderthalb Stunden vergessen lässt, dass es in Wahrheit keine Einigung im Bereich der Humanität gibt …«

»Genosse Don Camillo«

DREHBUCHAUTOR IST BENVENUTI DI BENNARDI NACH DEM ROMAN VON GIOVANNINO GUARESCHI
REGISSEUR: LUIGI COMENCINI
1965

Die geschönten Darstellungen einer im Grunde genommen heiteren Sowjetunion stellen die Botschaft von Guareschis Buch auf den Kopf: als wären die Elemente beliebig austauschbar, als wäre das freie Amerika mit dem Unterdrückungsstaat der Sowjetunion vergleichbar. Einzig die Szene des Hungerstreiks von Don Camillo und seiner Zwangsernährung durch Peppone lässt die Grundelemente des Siegs der Menschlichkeit erkennen.

Das A bis Z der Mondo Piccolo

»... ICH HABE SIE GETROFFEN UND SIE
BEI DER HAND GENOMMEN UND BIN MIT IHNEN
DAS ALPHABET AUF UND AB SPAZIERT.«
GIOVANNINO GUARESCHI

Barchini (I): *Papierhändler und Besitzer einer alten Druckmaschine von 1870. Druckt sowohl die Kirchenzeitung als auch die kommunistischen Plakate und Manifeste. Da er es mit Don Camillo hält, gibt er Peppones Verlautbarungen vorher immer erst an den Priester weiter.*

Barchini (II): *Großbauer, der das sagenhafte Pferd Bianco kauft, als die Dampfeisenbahn abgeschafft wird. Liebt das Tier wie ein eigenes Kind.*

Baron Stocco: *Adeliger, dessen Jagdgebiet nur zwei Kilometer von Don Camillos Kirche entfernt ist. Sowohl Don Camillo als auch Peppone wildern hier gelegentlich.*

Bassa: *Tiefland in Italien, das der Po zwischen den Alpen und dem Apennin geschnitten hat. Trennlinie zwischen dem reichen Norden und dem armen Süden. Die Kleine Welt liegt zwischen dem südlichen Ufer und dem Apennin.*

Bazziga: *Lebensmittelhändler. Wird vom alten Santini im Jahr 1946 mit einem fingierten Schenkungsvertrag übers Ohr gehauen.*

Bessa: *Amilcare Bessa stellte zu Zeiten der Monarchie einen Wein her, den nur der König trinken durfte. Sein Sohn Giocondo führt die Tradition fort, allerdings muss er den beißenden Spott der Kommunisten ertragen.*

Binella: *Uhrmacher und von Geburt an unpolitisch. War Schiedsrichter beim Spiel »Dynamo« gegen »Gagliarda« und wurde sowohl von Peppone als auch von Don Camillo bestochen.*

Bissi: *Grundbesitzer in Pippina, die Don Candido ein Stück Land zum Anpflanzen seiner Tomaten verpachten.*

Boscaccio: *Erfundener Nachbarort oder Landstrich in der Nähe des Kleinen Dorfes.*

Boscone: *Ortschaft, bei der die Hauptstraße den Damm schneidet.*

Bottazzi, Giuseppe *ist der kommunistische Bürgermeister des Kleinen Dorfes. Besser bekannt unter dem Namen »Peppone«.*

Bruciata: *Ein »großer Bodenstreifen, der zwischen Boscaccio und dem großen Damm verlief«. Ein armseliges Stück Land, das dem Ciro gehört. Der Name bedeutet so viel wie »verbrannte Erde«.*

Camona, Dario: *In seiner Jugend ein ungestümer Mensch. Zwang sowohl Don Camillo als auch Peppone, ein Glas Rizinusöl zu trinken. Traute sich erst zum Fasching in der Verkleidung als Indianer wieder ins Dorf.*

Casabruciata: *Fiktives Nachbarörtchen. Zweites Dorf flussaufwärts, von Don Camillos Dorf aus gesehen.*

Celestina: *Tochter der Wirtin des »Fasan« in La Rocca. Sie ist eines der wildesten Kommunisten-weiber im Ort. Ein nichts ahnender Kunstmaler nimmt sie als Vorbild für eine neue Madonna.*

Cibelli: *Kramwarenhändler im Kleinen Dorf.*

Cimossa: *Wirt des »Mohren« in Pioppina. Errichtet einen Gemischtwarenladen und eine autonome kommunistische Zelle der »Republik Pioppina«.*

Desolina: *Alte Frau, die Don Camillo den Haushalt führt. Auch Teil seines Informationsdienstes.*

Don Camillo: *Erzkatholischer Priester in dem kleinen Dorf am Po. Über seinen Hintergrund ist kaum etwas bekannt. Er hat eine Nichte, die Flora heißt, sich aber »Cat« nennt. Sie ist die Tochter von Don Camillos Schwester Giuseppina. Außer ihr hat Don Camillo noch zwei weitere Schwestern.*
Don Camillo ist ein Hüne und sehr stark. Seine Fäuste setzt er gern ein, um Gegner zu »überzeugen«. Besonders mit dem kommunistischen Bürgermeister Giuseppe Bottazzi, genannt »Peppone«, streitet er sich mehr als einmal. Don Camillo war im Krieg, aber später wohl nicht mehr bei der regulären Armee, sondern bei den Partisanen. Aus dieser Zeit stammt seine ansehnliche Sammlung von Kriegswaffen. Nach dem Krieg übernimmt er die Gemeinde in einem kleinen Dorf ohne Namen, in dem Peppone 1946 zum Bürgermeister gewählt wird. Camillos Standpunkt in Glaubensfragen ist sehr konservativ, von Neuerungen hält er nichts, sogar dann nicht, wenn der Vatikan sie beschließt. Don Camillo hat stets das Wohl des Dorfes im Auge, wofür er schon mal kleinere Gaune-reien oder Gesetzesbrüche begeht. In seiner Freizeit ist er leidenschaftlicher Jäger, dabei hilft ihm sein Jagdhund »Ful«. Don Camillo scheint ständig in Geldnot zu sein. Karriere im Vatikan macht er nur im dritten Film, was aber schnell wieder ignoriert wird. Als Geburtsjahr Don Camillos kann 1900 angenommen werden.
Don Camillos überschäumendes Temperament wird oft von niemand anders als Jesus Christus persönlich gebremst. Die Stimme des Gekreuzigten spricht zu ihm und Don Camillo kann sie hören.

Don Candido: *Wird Pfarrer der »Republik Pioppina«. Klein und mager. Züchtet hervorragende Tomaten. War der Sohn des armen Perini. Hatte in Torricella noch einen Vetter namens Dante Malasca.*

Dorini: *Versteckte auf seinem Gut einen alten Panzer, von dem er meinte, es sei ein deutscher. Tatsächlich war es ein amerikanischer.*

Fahrrad: *Ohne Fahrrad ist man nichts in der Bassa. Ein typisches Fahrrad hat keine Spielereien, sondern ist ein halb kaputtes schweres Gestell mit nur einem Pedal. Obwohl Don Camillo, Peppone und andere Bewohner des Kleinen Dorfes mit Motorrädern und Autos fahren, bleibt das ureigenste Fortbewegungsmittel das Fahrrad.*

Fahrraddieb: *Ein namenloser Mann stiehlt Don Camillo das alte Fahrrad. Hinterher wird der Fahrraddieb bekehrt und bleibt als Küster.*

Fasan: *Osteria in La Rocca. Wird von einer Wirtin betrieben, deren Tochter, Celestina, als Vorbild für die neue Madonna genommen wird.*

Filotti (I): Ein engstirniger und geiziger Bauer. Besitzt mit dem Gut Toretta eines der reichsten Stücke Land. Großvater von Gina Filotti. Tritt öfter als Geizkragen in Erscheinung.

Filotti (II): Reicher Bauer, dem die Erben den Besitz liquidierten. Übrig bleibt nur das Herrenhaus mit einer Privatkapelle, in der Don Camillo die Messe zelebriert, als »Don Chichi« das Regiment übernimmt. Vermutlich identisch mit (I), aber nicht notwendig.

Finetti: Besitzer eines Jagdreviers. Halten sich schon seit langem im Ausland auf.

Folini: Erbaut mit seiner Frau ein Gasthaus an der geplanten Umgehungsstraße. Allerdings bleibt der Verkehr aus.

Fossa: Eines der Güter des Doktor Barotti. Ein Streit um einen toten Hund führt dazu, dass die Pächter, die Gnappi, es nach über hundert Jahren verlassen.

Fulmine: Jagdhund Don Camillos. Fulmine, genannt »Ful« (Blitz), läuft Don Camillo eines Tages zu. Eigentlich gehört der reinrassige Jagdhund einem unsympathischen reichen Mann aus der Stadt, der aber auf ihn schießt, ihn für tot hält und liegen lässt.

Gasthaus zur Sonne: Steht im trostlosesten Winkel eines Waldes. Die Betreiber sind das Ehepaar Folini.

Giacomo: Ein alter Kuhhirte aus dem Gut La Grande. Während des Streiks der Arbeiter macht er sich Sorgen um eine Kuh, die kalben muss.

Gina Filotti: Älteste Enkelin des alten Filotti von Toretta. Liebt Mariolino von der Bruciata, den Sohn des Todfeindes ihres Vaters. Muss erst einen versuchten Selbstmord begehen, um die Heirat durchsetzen zu können.

Gnappi, Bia: Halbpächter auf dem Gut Fossa. Die Bias streiten sich mit den Barottis um das berühmte »Katzenrohr«.

Gorlini Antei: Champion im Schwergewicht des Parteibundes der Provinz. Besiegt in einem Boxkampf den Genossen Bagotti Mirko, schlägt anschließend Peppone nieder und wird dann von einem Unbekannten k.o. geschlagen.

Grocilone: Jagdrevier unweit des Kleinen Dorfes.

Heilige Lucia (Luzia): Die Märtyrerin gilt als Licht- und Gabenbringerin in dunkler Zeit. Der Mittwintertag (13.12.) war bis zur Einführung des Gregorianischen Kalenders der letzte Tag des Jahres. In einigen Gegenden Europas, besonders in Schweden, aber auch im Bayerischen Wald und Osteuropa, wird das Fest der Lucia gefeiert. In der Bassa war es zur Zeit Don Camillos noch nicht durch das Weihnachtsfest verdrängt. Dort zieht die heilige Lucia mit einem Eselchen zu den Kindern und legt die Geschenke auf die Fensterbank.

Jesus Christus: Der gekreuzigte Heiland spricht zu Don Camillo in der Kirche. Die Stimme ist oft leise und nur Don Camillo kann sie hören. Jesus mahnt stets zu Mäßigung und erinnert Don Camillo an seine Pflicht, wenn er einmal zu viel politisiert. Schweigt Jesus, ist das stets ein Grund zur Sorge. Nur selten zeigt Jesus Humor oder geht aus sich heraus, allerdings greift er bei einem Mordanschlag auf Don Camillo persönlich ein, um die Kugel abzulenken. Obwohl Jesus meist das letzte Wort hat, muss er anerkennen, dass Don Camillo die Italiener besser kennt. Jesus Christus ist in den Geschichten die Stimme von Guareschis Gewissen.

Katzenrohr: Entwässerungsrohr, das unter dem Gut Fossa hindurch Wasser in den Canalnuovo leitet. Es verengt sich im weiteren Verlauf. Das wird dem Hund des Doktor Barotti zum Verhängnis.

Königsmalvasier: Besonderer Wein, den nur der König trinken darf. Hergestellt von Giocondo Bessa.

La Grande: Großes Gut, das dem alten Pasotti gehört. Zu La Grande gehören eine Dampfkäserei, ein Obstgarten und ein Stall mit hundert Kühen. La Grande wird von den Roten bestreikt, weil Pasotti den Arbeitern zu wenig Geld zahlt.

La Rocca: Wildester der acht Ortsteile des Kleinen Dorfes. Überschwemmungsgebiet. Die Bewohner von La Rocca sind eingefleischte Stalinisten und Maoisten. Bilden eine eigenständige Fraktion, die vom politischen Gegner Peppones, Dr. Bognoni, angeführt wird. Die Schule von La Rocca ist auch gleichzeitig die Schule vom Ortsteil Pieve und liegt auf einem Kahn mitten im Tincone.

Lampo: Alter Jagdhund Don Camillos. Er geht kurz vor Beginn der neuen Jagdsaison ein.

Lenin Libero Antonio: Ursprünglich vorgesehener Name des jüngsten Sohnes von Peppone. Nach einer kleinen Prügelei mit Don Camillo, der die russischen Namen nicht mochte, wird das Kind Libero Camillo Lenin genannt.

Leon d'Oro: Name einer Trattoria in Roccanuova.

Manasca: Alter Schlaumeier, dem ein Stück Land in erstklassiger Lage gehört. Wird im Volksmund »Manascas Garten« genannt, ist aber in Wirklichkeit verkommen. Nur eine Madonna steht darauf. Diese will niemand abreißen, als nach Manascas Tod das Grundstück bebaut werden soll.

Mariolino: Sohn des alten Ciro von der Bruciata. Überzeugter Kommunist. Liebt Gina Filotti, die Enkelin des Todfeindes seines Vaters. Muss erst mit ihr einen versuchten Selbstmord verüben, bevor die Hochzeit durchgesetzt wird.

Molinetto: Wirtshaus, das von allen Bewohnern des Kleinen Dorfes gern besucht wird. Auch Name des Wirtes des Wirtshauses, das bei allen Dorfbewohnern gleichermaßen beliebt ist. Der volle Name lautet »Zum Molinetto«. In späteren Übersetzungen wird der Name eingedeutscht zu »der Mühlenwirt«.

Molinettobrücke: Verbindungsbrücke zwischen den Ortschaften Pieve und La Rocca.

Monte Doletta: Erfundener Berg im Apennin. Dort war die ehemalige Pfarrei von Don Candido.

Monterana: Bergdorf, in dem Don Camillo seine lange (zweite) Verbannung verbringt.

Alter Müller: Nach einer alten Geschichte versank eine schwimmende Mühle mit einem alten Müller in der Nähe des Kleinen Dorfes. Der böse alte Müller steigt angeblich in kalten und nebligen Nächten an Land, um die Weizenkörner von den Feldern zu kratzen, sie zu Mehl zu zerreiben und daraus den Nebel zu machen.

Nero: Einer von Peppones Bande. Trotz seines Namens (»Der Schwarze«) ein hitzköpfiger Roter. Verkauft dem alten Molotti seine Seele für 1000 Lire.

Pasotti: Alter und herrischer Gutsbesitzer. Ihm gehört »La Grande« mit einem Kuhstall, der hundert Kühe beherbergt. Ein Landarbeiterstreik legt das Gut lahm und gefährdet das Leben der Kühe.

Peppo oder Pepò: Alter Kleppergaul, dem Don Camillo diesen Spitznamen gab. Leider kann man im Dialekt der Bassa kaum zwischen Pepò (Pferd) und Peppo (=Peppone) unterscheiden.

Peppone: Spitzname von Giuseppe Bottazzi. Von Beruf Mechaniker und manchmal auch Schmied, später Besitzer einer Werkstatt und eines Geschäftes für Haushaltsgeräte. War im Krieg, später bei den Partisanen, wo er vermutlich Don Camillo kennen lernte. Peppone ist der Bürgermeister des Kleinen Dorfes, in dem Don Camillo Priester ist. Peppone ist aber auch Chef der örtlichen Kommunisten und befiehlt einem Stab treu ergebener Männer. Allgemein anerkannt ist Peppones Körperkraft und seine Treue zur KPI. Keine Leuchte, was Bildung angeht. Seine Stilblüten sind legendär. Allerdings hat er das Herz auf dem rechten Fleck und ist in erster Linie Italiener. Daher bricht in Momenten höchster Begeisterung der Patriot in ihm aus. Als Familienvater hat er nicht immer eine glückliche Hand. Seine Frau bestimmt die Ausgestaltung des Hauses und mindestens ein Sohn will nicht auf die höhere Schule. In späteren Jahren kämpft Peppone nicht nur gegen Don Camillo, sondern auch gegen die Maoisten.

Peppones Frau: Frau Maria Bottazzi übernimmt im häuslichen Bereich die Herrschaft und wirkt manchmal mäßigend auf ihren Mann. Reizt aber auch manchmal Don Camillo. Ihre Einstellung zur Politik ist ambivalent, sie ist sicherlich keine Aktivistin.

Pieve: Ortsteil des Kleinen Dorfes und durch den Fluss Tincone von der Ortschaft La Rocca getrennt.

Pilastri: Gut der Torconis. Es hieß so, weil das Herrschaftshaus im Eingangsbereich zwei Säulen hatte und so wie ein Palast aussah.

Pinetti: Alter Doktor im Dorf. Als er verstirbt, wird Doktor Bognoni sein Nachfolger.

Pioppe: Erfundenes kleines Örtchen. Vermutlich identisch mit Pioppi. Dort findet die Polizei einen fahrbereiten Panzer.

Pralungo: Wäldchen in der Nähe des Kleinen Dorfes.

Puntarossa: Erfundenes Bergdörfchen, in dem Don Camillo seine Verbannung verbringt.

Rocca: Name des alten Herrschaftshauses, in dem die Gemeindeverwaltung untergebracht ist. Wird von Peppone mit einer Uhr verschönert.

Roccanuova: Größerer Marktflecken mit Rindermarkt.

Romagnolo: Alter Kommunist, dessen richtiger Name in Vergessenheit geraten ist. (Sein Name bedeutet einfach »einer aus der Emilia Romagna«) Wollte ein ziviles Begräbnis und stiftete extra dafür der Gemeinde einen Leichenwagen.

Signora Giuseppina: Alte Lehrerin im Kleinen Dorf. Sie ist längst pensioniert, genießt aber immer noch den Respekt der Dorfbewohner. Korrigiert öffentlich die Schreibfehler in Peppones Manifesten, ohne dass sie jemand daran zu hindern wagen würde. Signora Giuseppina hat strenge bürgerliche und monarchistische Vorstellungen. In verschiedenen Geschichten taucht Signora Giuseppina immer wieder auf, als strenge, unerbittliche Person. Als sie stirbt, wird sie selbst von den Roten mit bürgerlichen Ehren und der alten Königshymne beigesetzt. Noch als Geist erscheint sie Don Camillo und Peppone.

Tobazzi: Grobe Bauernfamilie. Die Tobazzis schenken Don Camillo für seine Kinderspeisung einen Sack Gips statt des versprochenen Mehls.

Toretta: Gut des Filotti. Der Boden ist so reich, dass er bestes Getreide hergibt. Filotti ist der Todfeind des alten Ciro vom Nachbargut Bruciata.

Verola: Pächter des Gutes Campolungo. Als sich Verola weigert, eine Sondersteuer von 1000 Lire pro Hektar Land an die Gemeinde zu zahlen, werden ihm eine Reihe Rebstöcke abgeschlagen.

Rezeptübersicht

Danksagung

Für die freundliche Mithilfe bei der Erstellung des Buches bedanken wir uns bei der Familie Guareschi, besonders bei Alberto Guareschi; Romano Bondavalli und Gabriele Carpi vom Proloco Brescello, Sig. Enzo von der Tipografia Valpadana und dem »Museo Peppone e Don Camillo« in Brescello; Cesare Bertozzi und Caterina Cervini vom »Centro del Boscaccio« in Diolo • Ganz herzlichen Dank auch an die Besitzer der Restaurants, die für uns gekocht haben: Massimo und Luciano Spigaroli, Domenico Mondini, Carduccio Pedretti und Lorenzo und Raffaella Codeluppi • Besonderen Dank an Gianni Pesarino für die Dolmetscherdienste und sein Organisationstalent.

Bildnachweis

Die antiken Aufnahmen und Filmfotos wurden im Frühjahr und Sommer 2003 mit freundlicher Genehmigung der Betreiber in den Museen in Brescello, Diolo, Roncole Verdi und im »La Bottega« aufgenommen • Die Abbildungen auf den Seiten 11, 33, 82/83, 84, 86, 90, 93, 96/97, 132/133, 180/181, 183, 192/193, 220/221 und das Umschlagmotiv wurden uns als Daten von Signore Enzo und dem Proloco Brescello zur Verfügung gestellt • Seite 186, Motiv aus »Die besten italienischen Restaurants«, 1985 • Alle Illustrationen entstammen der Feder von Giovannino Guareschi, © Ahn & Simrock, Hamburg • Alle weiteren Aufnahmen, Stills und Foodfotos © 2004 Jochen Grün

Impressum

ISBN 3-89910-221-5

Umschlaggestaltung:
  Hauptmann & Kampa Werbeagentur, München – Zürich
Innengestaltung, Layout & Fotografie:
  GREENSTUFF, Iris & Jochen Grün, München
Reproduktionen: Reproline Genceller, München
Herstellung: Verlagsservice Rau, München
Druck und Bindung: Appl, Wemding
Printed in Germany 2004

Die Restaurants

»Al Cavallino Bianco« –
  Ristorante del buon ricordo
  Massimo e Luciano Spigaroli
  Via Sbrisi 2
  43010 Polesine Parmense
  Tel. 0524-96136
  Fax 0524-96416
  www.acpallavicina.com

»La Bottega«
  Da Domenico
  Via Cavallotti, 16
  42041 Brescello
  Tel. 0339-3016519

»Alle Roncole« – Trattoria
  Carduccio Pedretti
  Roncole Verdi
  43011 Busseto
  Tel. 0524-930015
  Fax 0524-931595
  www.alleroncole.it
  Mittwoch Abend und
  Donnerstag Ruhetag

»La Tavernetta del Lupo«
  Raffaella e Lorenzo Codeluppi
  42040 Sorbolo Levante
  Tel./Fax 0522-680509
       0522-680848
  Montag Ruhetag